내재성이란
무엇인가

개념어총서 WHAT 004
내재성이란 무엇인가

초판1쇄 펴냄 2009년 11월 10일
초판3쇄 펴냄 2022년 6월 1일

지은이 신지영
펴낸이 유재건
펴낸곳 (주)그린비출판사
주소 서울시 마포구 와우산로 180, 4층
대표전화 02-702-2717 | **팩스** 02-703-0272
홈페이지 www.greenbee.co.kr
원고투고 및 문의 editor@greenbee.co.kr

편집 이진희, 구세주, 송예진, 김아영 | **디자인** 권희원, 이은솔
마케팅 육소연 | **물류유통** 유재영, 류경희 | **경영관리** 유수진

ISBN 978-89-7682-335-9 04100 | 978-89-7682-331-1(세트)

독자의 학문사변행學問思辨行을 돕는 든든한 가이드 _(주)그린비출판사

개념어총서

004

내재성

지은이
신지영

들뢰즈 사유의 이미지 기관 없는 신체 안티-로고스 반-변증법 무의미 비자
내재성 「프루스트와 기호들」 아리스토텔레스 생명 키스 안셀 피어슨 칸트
적 사유 프랑수아 줄리앙 생산원리 내재적 행위 알랭 바디우
수동성 수용성 보리스 불롱델 스피노자 니체 내재적 원인 존재의 일의성 베
「차이와 반복」 역능 puissance 「니체와 철학」 사유의 바깥 비-사
재의 이질성 초월 형이상학 다수성 무발성 -되기 특이성 사물의
향 휴머니스 「칸트의 비판철학」 내재성의 뿔랑 전제 없음의 환경 중국 철
유되지 pensée 뷔덴베르제 접속사로 대체하는 사유 능 비자
사용 플라톤 존재자들 사내의 행동 플 라 톤 주 의 무발성 현대철학 집

존재론 질 들뢰즈 사유의 이미지 기관 없는 신체 안티-로고스 반-변증법

비자발성 내 재 성 「프루스트와 기호들」 아리스토텔레스 생명 키스 안
어슨 칸트 초월적 사유 프랑수아 줄리앙 생산원리 내재적 원리 알 랭
디 우 수동성 수용성 보리스 불롱델 스피노자 니체 내재적 원인 존 재 의
의성 베르그손 「차이와 반복」 역능 puissance 「니체와 철학」 사 유 의
깔 비-사유 존재의 이질성 초월 형이상학 다수성 무발성 -되기 특이성 철학
론의 경향 휴머니스 「칸트의 비판철학」 내재성의 뿔랑 전제 없음의
중국 철학 사유되지 않는 것 non-pensée 뷔덴베르제 접속사로 대체하는 사유 능

그린비

• 프롤로그_ 거미처럼

아주 오래전부터 해왔던 방식으로
철학책을 쓰는 것이
거의 불가능해질 시간이 다가오고 있다.
'아! 낡은 스타일…'
철학적 표현의 새로운 수단에 대한 탐구는
니체에 의해 시도되었고,
오늘날에는 연극이나 영화와 같은
몇몇 다른 예술들을 갱신하는 것과 관련하여
추구되어야 할 것이다.(『차이와 반복』, 22쪽)

들뢰즈는 내재성의 쁠랑plan이란 사유의 이미지라 말한다. 들뢰즈를 읽는 어려움이 이러한 종류의 것이다. 즉, 그는 정의되어야 할 말 또는 개념을 아직 정의되지 않거나 앞으로도 정의하지 않을 말이나 개념으로 설명한다/표현한다. 우리는 우리가 아직 모르는 '내재성'이라는 것을 여전히 아직 모르는 '사유의 이미지'라는 것으로 이해해야 하는 것이다.

들뢰즈를 처음 접하는 독자들이건 여러 번 접해 본 독자들이건 간에 모두 들뢰즈의 이런 글쓰기에 대하여 한 번쯤은 짜증을 내어 보았을 것이다. 그러므로 우리는 우선 들뢰즈가 왜 이런 이상한 글쓰기로 우리를 괴롭히는지에 대하여 말하고 넘어가는 것이 좋겠다는 생각이다. 들뢰즈는 진정한 철학적 동물은 올빼미가 아니라 거미라 말한다. "거미는 아무것도 보지 못하고 지각하지 못하고 기억하지 못한다."(들뢰즈, 『프루스트와 기호들』, 277쪽) 그런데 왜 그러한 거미가 가장 철학적이라는 것일까? 들뢰즈의 말을 계속 들어보기로 하자. "거미는 거미줄 꼭대기에 올라앉아서, 강도 높은 파장을 타고 그의 몸에 전해지는 미소한 진동을 감지할 뿐이다. 이 미소한 진동을 감지하자마자 거미는 정확히 필요한 장소를 향해 덤벼든다. …… 비자발적인 감수성, 비자발적인 기억력, 비자발적인 사유는 이런저런 본성을 가진 여러 가지 기호들에 대해 기관들 없는 신체가 매 순간 보이는 강렬한 전체적 반응들 같은 것이다."(『프루스트와 기호들』, 277~278쪽) 거미가 왜 철학적인 동물인지를 미처 이해하기도 전에 다시 들뢰즈의 중요한 개념 가운데 하나인 '기관들 없는 신체'가 등장했으나, 무시하기로 하자. 거미가 왜 철학적 동물인가? 들뢰즈에 따르면 이는 거미가 자발적으로 사유하지 않고 비자발적으로 사유하기 때문이다. 자발적인 능력faculté volontaire이라는 것은 무엇인가? 자발적 능력은 "우리가 사물 속에 집어넣은 것만을 사물로부터 *끄집어내*"(『프루스트와 기호들』, 156쪽)는 능력이다. 자발적 기억은 기억하고 싶은 것을 기억하며, 자발적 사유는 사유하고자 하는 것을 사유한다. 이때 발견되는 것은 발견하고자 의도했던 것뿐이며, 그것은 우리가 이미 알고 있었던 것이다. 거기에 새로운 것은 없으며, 진실도 없다. 우리가 발견해야 할 진실은 오로지 비자발적으로만 우리에게 '찾아온다'. 그러므로 우리는 거미처럼 사유해야만 한다. 아무것도 보지도 지각하지도 기억하지도 못하는 자처럼, 우리가 발견해야 할 진실에 대해서 아무것도 미리 알 수 있는 것은 없기 때문에 계획을 세울 수도 없는 자처럼, 그리하여 사소하게 던져진 기호를 유일한 단서로 삼아 온몸을 던져 해독해야만 하는 자처럼. 스파이처럼, 경찰처럼, 질투에 빠진 연인처럼, 미친 사람처럼. (『프루스트와 기호들』, 278쪽) 그러한 자의 신체를 기관 없는 신체라 부른 것이다.

들뢰즈의 거미에 대한 몇 줄의 글을 가지고 우리는 '사유'와 '진실'과 '비자발성'과 '기관 없는 신체'를 이어 줄을 그어 보았다. 논의를 될 수 있는 한 간단히 하기 위하여, 나는 할 수도 있는 말을 하지 않은 채로 지나갔다. 다시 말해서, 거미에 대한 이 짧은 글은 잠재적으로 무한히 다른 줄들로 이어지고 확장되어 있으나, 단지 내가 여기에서 글로 현실화시키지만 않았다는 뜻이다. 거미에 대한 이야기는 '안티-로고스', '반-변증법', '법', '무의미' 등과 이미 '거미줄처럼' 연결되어 있으며, 들뢰즈의 글은 이 가운데 하나만 알아도 모든 논의를 한꺼번에 알 수 있는 스타일로 씌어져 있다. 바로 여기에 들뢰즈 스타일(문체)의 비밀이 있다. 들뢰즈는 "아주 오래전부터 해왔던 방식으로 철학책을 쓰는 것이 거의 불가능해질 시간이 다가오고 있다"고 하였으나, 이는 이러한 "낡은 스타일"이 현실적으로 불가능하다기보다는, 들뢰즈 철학이 요구하는 바에 맞지 않는다는 의미에서의 불가능성을 말하는 것이다. 즉, 들뢰즈는 표현하고자 하는 바의 것을 하나하나 차례차례 설명하느라 잃어버리고 마는 전통적인 철학의 문체를 거부하고, 그 스스로 "표현의 새로운 수단"에 대한 탐구, 새로운 문체에 대한 시도를 하고 있는 것이다. 그 문체는 표현하고자 하는 바의 것을 전혀 잃거나 포기하지 않은 글쓰기 방법이어야 할 것이다. 그는 "철학책은 어느 정도는 매우 특별한 종류의 탐정 소설roman policier 이 되어야 하고, 또 어느 정도는 공상과학 소설science-fiction이 되어야 한다"(들뢰즈, 『차이와 반복』 3장)고 말했고, 그 스스로 그렇게 했다. 바로 그러한 이유 때문에 들뢰즈의 글을 읽기가 어려운 것이다. '철학책을 탐정 소설처럼' 읽어야 하기 때문에…… 그리하여 들뢰즈의 글쓰기에 짜증이 난 독자들에게 말하고 싶다. 들뢰즈가 말한 바로 그 거미처럼 사유하자고. 또는 탐정이 된 기분으로 들뢰즈의 글을 읽자고. 들뢰즈 글의 한 줄 한 줄을 논리적으로, 변증법적으로 이해하려고 해서는 안 된다. 들뢰즈의 한 줄은 거미줄로서 이미 '리좀'처럼 복잡하게 가지를 뻗고 있기 때문이다. 그의 글은 마치 아무것도 보지 못하는 거미가 거미줄에 달라붙은 자기의 먹이를 감지하듯이 그렇게 읽어야 한다. 그렇게 되면 모든 것이 언젠가 한꺼번에 그 모습을 드러낼 것이다.

이 책에서 다루려고 하는 것은 들뢰즈의 '내재성'이다. '내재성'은 개념이 아니기 때문에 "무엇인가?"라고 물어서는 안 되는 것이나, 우리는 이 붙잡기 어려운 것을 붙잡기 위하여 그렇게 묻고 또 여러 가지 편법을 쓰게 될 것이다. 필자로서 행운이라고 생각하는 것은, 다행히도 그토록 사유하기 어려운 사유 바깥인 이 '내재성'을 사유할 수 있도록 하는 좋은 텍스트를 프랑수아 줄리앙에게서 발견할 수 있다는 점이다. 우리의 논의는 우리의 논점과 논리를 따라가겠지만, 그 과정에 줄리앙의 텍스트가 동반될 것이다. 나는 이 텍스트를 책 말미에 참고 텍스트로 첨부함으로써 독자들이 본문을 읽어 내려가면서 필요에 따라 참고할 수 있도록 단락마다 기호를 붙이고 참고가 될 때마다 그 기호를 문장 말미에 덧붙일 것이다. '내재성'에 대한 여러 접근 방법이 있겠지만, 이 책에서는 그것을 첫째, 사유의 환경으로 다룰 것이고, 둘째, 현실적인 것/개념의 생산 원리로 다룰 것이다. 그러면서 '내재성'과 대비되는 다른 사유의 환경으로서 아리스토텔레스와 데카르트, 그리고 칸트의 사유 환경을 비판적으로 논의할 것이고, '내재성'이라는 말의 철학적 사용처인 호교론護敎論, 칸트, 스피노자 등을 이어서 다룰 것이다. 그 전모가 대략이나마 드러나는 책 말미에는 들뢰즈를 정치적-철학적 상대로 삼고자 했던 바디우의 비판을 곁들임으로써 '내재성'의 현대적 이해를 정교히 하도록 노력해 보겠다. 이 계획이 성공을 거두게 될지 알 수 없으나, 이제 그것은 전적으로 독자의 몫이 된 것 같다. 이 작은 책이 독자들의 사유와 삶에 부디 작은 단서가 되기를 바란다.

목차

—

내재성

| 일러두기 |

1 본서에서는 '내재성'을 설명하면서 프랑수아 줄리앙의 텍스트(『사물의 성향』, *La propension des choses*) 일부분을 참고하며 같이 보도록 구성했는데(본문 중에 ㉮, ㉯, ㉰, ㉱ …… 식으로 표기해 놓은 것이 참고한 텍스트 부분이다), 이 참고 텍스트는 본서 말미에 수록해 놓았다. 그런데 이 텍스트는 번역본이 출판되기 전에 저자가 번역해 놓았던 것이어서, 출판된 번역과는 다소 다른 느낌을 줄 수 있을 것이다.

2 들뢰즈의 문헌에 대해서는, 대부분의 경우 직접 인용문은 없으나, 직접 인용할 경우에 『차이와 반복』, 『프루스트와 기호들』은 국역본을 참조하였고, 나머지 문헌에 대해서는 저자가 직접 번역하여 인용하였다.

3 본문 중 인용 출처는 괄호 안에 지은이, 책이름, 쪽수만 명기했다. 자세한 서지사항은 이 책 끝에 실린 '참고한 책들'에 정리해 놓았다.

[사유/개념의] 환경으로서의 내재성

• [사유/개념의] 환경으로서의 내재성

들뢰즈는 내재성의 쁠랑 plan [내재성과 내재성의 쁠랑은 거의 같이 쓰인다]이란 사유의 이미지라 말한다.[*] 우리가 이미 프롤로그에서 언급했듯이, 들뢰즈를 읽는 어려움이란 이러한 종류의 것이다. 즉, 그는 정의되어야 할 말 또는 개념을 아직 정의되지 않았거나 앞으로도 정의되지 않을 말이나 개념으로 표현한다. 우리는 우리가 아직 모르는 '내재성'이라는 것을 여전히 아직 모르는 '사유의 이미지'라는 것으로 이해해야 하는 것이다. 그러나 이미 당부한 것처럼, 우리

---

[*] "내재성의 쁠랑은 사유되거나 사유 가능한 개념이 아니라 사유의 이미지이다. 사유한다는 것, 사유를 활용한다는 것, 사유로 향한다는 것이 의미하는 바로부터 스스로가 주어지는 그런 이미지이다. …… 그것은 방법(méthode)이 아니다. 왜냐하면 모든 방법은 간혹 개념들과 관련되어 있고 어떤 이미지를 가정하기 때문이다." (들뢰즈·가타리, 『철학이란 무엇인가』, 58쪽)

는 마치 거미가 된 듯이, 들뢰즈의 글을 먹이라 생각하고 인내심을 갖고 접근해 보기로 하자. 들뢰즈는 이어서 존재들을 구성하기 위해서는 개념과 개념의 환경이 필요하다고[**] 말하면서, 이 환경이 사유의 이미지이며 뺄랑이라 말한다. 즉 간단히 말하면, 사유의 이미지로서의 내재성이라는 것은 사유의 환경이다.

이 사유의 이미지라는 문구를——우리가 이를 굳이 문구라고 부르는 것은 사유의 이미지는 개념이 아니고 개념의 환경이기 때문이다——들뢰즈는 그의 여러 저서에서 다루고 있다. 우선 그것은 1962년 『니체와 철학』에서부터 등장하는데, 이 저서의 한 장 전체가 '새로운 사유의 이미지'(3장 15절)에 할애되어 있고, 『프루스트와 기호들』 1부 결론의 제목이 '사유의 이미지'이며, 『차이와 반복』 3장 제목이 '사유의 이미지'이다. 이 외에 『시네마』 1, 2권에도 '이미지'가 등장하나, 맥락이 약간 다르다. 들뢰즈는 '사유의 이미지'를 둘로 분류한다. 즉 사유의 환경을 둘로 분류

[**] "개념들이란 오르고 사그라지는 다수의 파도와 같으나, 내재성의 뺄랑은 이 다수의 파도들을 말거나 펼치는 유일한 파도이다. 뺄랑은 그 뺄랑을 배회하고 되돌아오는 무한한 운동들을 감싸는 것이지만, 개념들은 매번 그 고유한 구성 요소들을 통과하는 유한한 운동의 무한한 속도들이다. 에피쿠로스로부터 스피노자(그 놀라운 책 V권……)에 이르기까지, 그리고 스피노자로부터 미쇼(Michaux)에 이르기까지, 사유의 문제는 무한한 속도의 문제였다. 그러나 무한한 속도는 그 안에서 무한히 스스로 움직이는 환경을 필요로 한다. 그것이 바로 뺄랑(plan), 공허(vide), 지평(horizon)이다. 개념의 탄성뿐만 아니라 환경의 유동성이 필요하다. 우리와 같은 '느린 존재들'을 구성하기 위해서는 이 두 가지가 필요하다." (『철학이란 무엇인가』, 56쪽)

한다는 뜻이다. 하나는 독단적, 또는 교조적 사유의 이미지이고, 다른 하나는 새로운 사유의 이미지이다. 아직 논의가 진행되기 전이지만, 이를 급히 정리하자면, 독단적 사유의 이미지는 초월 transcendant의 사유 환경이고, 새로운 사유의 이미지는 내재성의 사유 환경일 것이다. 즉 우리가 알고 싶은 그 '내재성'이라는 사유의 환경이 무엇인지는 들뢰즈가 비판하는 독단적 사유의 환경을 밝힘으로써도 역시 드러날 수 있는 것이다.

아리스토텔레스와 중국 철학 : 객관적인 전제의 환경과 전제 없음의 환경

그렇다면 환경이란 도대체 무엇인가? 그는 사유의 환경이라는 것은 사유를 가능하게 하는 것이며, 그 스스로 사유의 대상이 되지는 않는 것이라고 말한다. 그것은 우리가 개념들을 사용하여 이런 저런 사유를 할 수 있도록 하는 것인데, 우리 사유의 대상이 되지는 않는다. 과연 이 사유의 환경이면서 사유의 대상이 되지는 않는 이것이 무엇인지를 이해하거나 설명할 수 있을까? 우리는 이 불가능한 일을 해보기 위하여 이 책에 첨부된 프랑수아 줄리앙François Jullien의 텍스트를 길잡이로 삼아 볼 예정이다. 우리가 이 텍스트를 보는 이유는, 서양의 사유와 그 개념들의 환경과, 동양의 사유와 그 개념들의 환경이 어떻게 다른가를 그 두 사유의 밖hors de la pensée에서 목격해 보고자 함이다.

줄리앙은 희랍 철학을 기점으로 하는 서양 철학과 동양/중국 철학을 성향propension이라는 개념을 놓고 비교한다. 그는 우선 두 전통이 모두 변화를 대립자들로부터 사유한다는 공통점을 가지고 있다는 지적을 한다. 과정processus에 대하여 사유한 모든 사유자들이 겉으로 보이는 입장이 다르다고 해도, "마치 진리가 그들을 강제한 것처럼" 이 점에 있어서는 합의한다고 말한다(㉮). 생성이나 부패, 운동, 변화와 같은 것들을 사유하는 데 있어서, 중국 철학은 음과 양으로 사유하려고 하고, 그리스는 대립자들을 가지고 사유하려고 한다는 것이다. 두 환경이 모두 변화를 대립자들로부터 사유한다는 점에 있어서는 같고, 이로부터 우리는 이 두 환경의 차이점을 아직은 알지 못하겠다.

그렇다면 이 두 전통이 어디서부터 다른 사유의 길을 걷게 되는 것일까? 그것은 아리스토텔레스가 이 두 대립자에 세번째 항을 덧붙이면서이다. 그 세번째 항이란 이 두 대립자의 지지대 역할을 하면서 이 둘을 교대로 수용할 수 있는 어떤 것으로서의 토대-주체이다(㉯). 예를 들어서 빽빽함과 희박함이라는 대립자를 생각해 보자. 아리스토텔레스는 이렇게 말한다. "어떤 자연적 배치에 의해 빽빽함이 희박함에 영향을 미치고 희박함이 빽빽함에 영향을 미치는지를 자문해 본다면 우리는 당황할 수밖에 없다. 그러므로 필연적으로 모든 두 요소의 활동은 제3항에서 생산되어야 한다. 그리고 바로 이러한 이유 때문에 우리는 대립자들

아래에 다른 본성을 위치시킬 수밖에 없다." 이 제3항, 토대-주체라는 것은 우리가 잘 알고 있는 실체 개념이다. 실체라는 것은 빽빽함, 희박함, 작음, 큼 등 여러 가지 대립자들의 변화의 와중에도 그 아래에서 변하지 않고 가만히 서 있는 것으로 주어진 것[가정된 것, 전제된 것]이다.

　예를 들어 다섯 살짜리 아이가 열 살이 되어 키가 커진 경우를 생각해 보자. 일부러 철학적인 사유를 훈련하려는 것이 아닌 경우, 보통 사람들은 작은 것이 커졌다고 생각한다. 서양 철학의 입장에서 볼 때 이러한 사유는 아직 철학적 훈련이 덜 된 사유이며, 철학자는 다음과 같이 사유해야 할 것으로 본다. 즉, 어떤 아이가 작음이라는 속성을 가졌다가 큼이라는 속성을 가지게 되었다. 작음이 큼으로 변화하는 것이 아니고, 어떤 아이라는 실체-토대에 작음의 이데아가 담겼다가 큼의 이데아가 담기게 되는 것이다. 작음과 큼은 전혀 변화가 없는 정지된 속성들이다. 반면 중국 철학은 그렇게 사유하지 않는다. 보통 음이 극해서 양이 되고, 양이 극해서 음이 된다고 표현하듯이, 작음이 큼이 되고, 큼이 작음이 되며, 희박함이 빽빽함이 되고, 빽빽함이 희박함이 된다. 그러므로 이러한 사유에서는 작음과 큼이라는 속성을 담을 그릇이 필요 없고, 자연스럽게 주체라는 개념을 필요로 하지 않는다.

　두 전통의 개념적 차이는 거기에서 끝나지 않는다. 두 대립자와 그 대립자를 담을 토대를 상정하는 것은 변화를 설명하기에

충분하지 않기 때문에 아리스토텔레스는 제4의 요소를 필요로 하게 된다. 줄리앙의 말대로 "'물리'가 실체화되자마자 정적인 질서는 역동적 질서를 설명하기에 불충분"하기 때문이다(㉑). 대립자들만으로는 부족하여 제3항을 필요로 한 아리스토텔레스는 이제 어떤 속성을 담은 토대가 다른 속성을 담게 되기까지의 그 운동을 설명하기 위하여, 변화의 원인의 역할을 하는 외부의 요인을 개입시켜야만 하게 되었다. 그리하여 "한편에는 질료가, 다른 한편에는 목적이기도 한 형상이, 그에 더하여 원동자가 정립된다."(㉒) 이런 식으로 하여 우리가 잘 알고 있는 4원인설이 완성되며, 줄리앙이 평가하듯이, 이것은 서양의 에피스테메 구실을 하게 된다.

아리스토텔레스는 『형이상학』에서 변화에 대한 그의 생각을 다음과 같이 썼다. "변하는 모든 것은 어떤 것 안에서, 어떤 것에 의해, 변화되는 어떤 것이다." 줄리앙은 이 문장이 단순하고 확실하며 주관적인 편견이 없는 중성적인 글로 여겨질 수도 있으리라고 말한다. 그러나 이 문장에는 그의 지적대로 수많은 이론적 선험/편견이 들어 있다. 다시 말해서, 단순하고 확실해 보이는 이 문장 안에는 '모든 변화에 질료의 역할을 하는 주체의 개념'과 '그에 의해 변화가 일어나는 행위자의 개념'이 함축되어 있는 것이다(㉓). 그러나 서양 철학을 전공했거나 공부하고 있는 사람이라면 아리스토텔레스 식의 이러한 사유가 체계적이고 논리적이며 더 나아가 유일하게 철학적이라고 생각할지도 모르며, 중국 철학적 사유는 모호하고 비논리적이며 비철학적이라고 생각할지도 모르는 일이다. "아리스토텔레스는 매우 체계적으로 이와 같은 추론을 몇 번이나 반복하고 있다"는 문장에서도 알 수 있듯이, 서양 철학 전통에서는 변화에 대한 아리스토텔레스 식의 사유를 '당연하다'고 생각한다.

다시 말해 희랍 철학은 모든 것이 정지해 있다고 생각하고 출발한 것인데, 그 출발 자체, 그리고 왜 그런 출발을 하게 되었는지, 또한 그런 출발이 정당한지 그렇지 않은지는 전혀 사유되지 않는다는 것이다. 그들은 그러한 것을 그냥 전제하고 또한 서로 암묵적으로 합의하고 사유를 시작한 것이다. 이러한 합의가 암묵적인 이유는, 전제와 합의가 의식적인 것이 아니기 때문이다. 그러므로 당연히 암묵적으로 합의하게 될 수밖에 없다. 이러한 전제와 출발을 서양 철학자들이 문제 삼기 시작한 것은 얼마 되지 않았다. 푸코는 이를 사유의 바깥dehors이라 했고, 들뢰즈는 사유되지 않는 것non-pensée이라 하였다.(들뢰즈·가타리, 『철학이란 무엇인가』, 89쪽) 줄리앙 역시, 그의 작업을 통해 이 바깥을 맛보려 했다고 쓴다(㉔). 또한 이것이 우리가 여태껏 이해하려 했던 바로 그 사유의 '환경'인 것이다. '환경'은 개념들이 전제한 것, 들뢰즈의 표현을 쓰자면 개념들이 전제한 사유의 이미지로서 사유되지 않는 것이다.

우리는 '내재성'을 설명하기 위하여, 그와 같은 의미로 쓰이는 것처럼 보이는 '사유의 이미지'가 무엇인지를 살펴보았다. 사유의 이미지는 사유의 환경이므로 내재성이란 사유의 어떤 환경일 것이다. 들뢰즈가 사유의 환경을 둘로 나누고 있으니, 내재성이란 그 두 환경들 가운데 하나일 것이다. 사유의 환경이라는 것이 사유되지 않는 것이라 하니, 우리는 그것을 가능하게 하기 위하여 사유의 밖으로 나가 보려고 하였다. 그래서 그리스 사유와 중국의 사유를 비교하고 있는 줄리앙의 텍스트를 참조해 보았다. 텍스트를 보니, 서양 철학 전통에 익숙한 사람들이 보기에는 당연해 보이는 그리스 사유가 중국의 사유에는 없는 여러 가지 전제들을 암묵적으로 가지고 있다는 것을 확인할 수 있었다. 우리는 그 환경을 어떤 환경이라 부를 수 있을 것인가? 정지된 것들의 세계? 아니면 초월자들의 세계? 분명한 것은, 그리스 철학을 지탱하고 있는 개념들, 예를 들어, 주체나 원동자·목적·형상·질료 등과 같은 개념들이 결코 중국 철학의 환경 안에 들어올 수 없으리라는 것과, 같은 맥락에서, 중국 철학을 지탱하는 많은 개념들, 음陰·양陽·세勢·도道 등과 같은 개념들이 그리스 철학의 환경 안에 들어올 수도 없으리라는 것이다. 요약하자면, 사유의 이미지란, 원동자·목적·형상·질료·음·양·세·도 등과 같은 개념들이 노니는 환경이며, 그리스 철학과 중국 철학은 각기 다른 사유의 이미지를 가지고 있다.

논의를 더 진전시키기 위하여 어느 정도 위험할 수도 있는 구분을 해야 하겠다. 오로지 위와 같은 맥락에서만 본다면, 그리스 철학의 환경은 교조적 전제를 둔 독단적인 사유의 이미지이며, 중국 철학의 환경은 전제가 없는 새로운 사유의 이미지이다. 또 다시 대칭 관계를 세우자면, 그리스 철학이 초월자^{transcendant}의 철학이라면, 중국 철학은 내재성의 철학이라고 할 수 있다. 또한 이를 다른 말로 바꾸면, 줄리앙의 지적대로, 희랍 사유가 존재(영원)를 사유하려고 한다면, 중국 사유는 생성(변화)을 사유하려고 한다는 점에서도 본질적으로 구별된다(⑭). 그렇다면 존재(영원)를 사유하고자 하는 철학은 독단적 사유의 이미지를 그 사유의 환경으로 가지며 암묵적이며 임의적인 전제들을 가지고 있는 철학이고, 생성(변화)을 사유하고자 하는 철학은 새로운 사유의 이미지로서 전제 없는 사유인가? 그렇다면 존재(영원)는 왜 전제를 가지고 있으며, 생성(변화)은 왜 전제가 없는가? 생성을 사유하려는 것은 전제가 아닌가?

여기서 줄리앙이 생성(변화)이라고 이름붙인 것을 우리는 들뢰즈의 맥락에 따라 생명이라 부르기로 하자. 생명은 전제가 아니다. 왜 그럴까? 오히려 거꾸로 물어보자. 생명/생성에 있어서 우리가 정지점으로 가질 수 있는 것이 있는가? 우리는 과연 생명이 어느 방향으로 가야 하는지에 대하여 외부로부터 생명에 그 목적을 부여할 수 있는가? 아니면 적어도 생명이 어느 방향으로 갈 것인지 예측이라도 할 수 있는가? 또는 생명이라는 것은 선한 것인가, 악한 것인가? 생명은 참인가, 거짓인가? 생명에는 어떤 의미가 있는가? 생명에는 참도, 거짓도, 목적도, 기원도, 선도, 악도, 의미도 없다. 그러므로 생명을 사유하는 철학은 전제를 가지지 않는다. 그런데 이 지점에서 생명에도 목적이 있다고 반론을 제시할 수 있겠다. 아마도 진화론과 같은 이야기를 하면서, 생명이라는 것은 어떤 일정한 방향을 가지고 진행하는 것이 아니냐는 주장을 할 수도 있을 것이다. 그렇게 되면 그러한 생명을 근거로 한 사유는 내재적 목적론이 될 것인가? 목적이란 초월자이기 때문에 내재적 목적론이란 형용모순이다.

생명 : 내재성이라는 사유의 환경

그러므로 우리는 들뢰즈의 생명에 대한 생각이 어떤 것이었는지를 짚고 넘어가지 않을 수 없다. 들뢰즈는 이미 그가 생을 마감하기 전에 쓴 짧고도 인상적인 논문의 제목을 「내재성 : une 생명…」[*]으로 명명하였다. 이로부터 우리는 손쉽게 내재성은 생명이라고 말할 수도 있을 것이다. 즉 우리가 아리스토텔레스와 중국 철학

---

[*] 들뢰즈의 이 짧고 아름다운 논문의 일부를 약간의 설명과 함께 『들뢰즈로 말할 수 있는 7가지 문제들』의 부록으로 실으면서, 필자는 이 논문 제목을 「내재성 : 비개인적 생명」으로 번역하였다. 본문에서 그대로 놓아둔 une vie(/a life)의 부정관사는, 위에서처럼 '비개인적/전개인적'이거나, '비유기적'쯤으로 번역하는 것이 좋다는 생각이다.

을 통하여, 생명을 내재성으로 이해하게 된 것은 들뢰즈 철학에 그리 어긋나지 않는 경로였던 셈이다. 다만 우리는 내재성이라는 것을 생명으로 이해하기에 앞서, 그것이 사유의 환경이라는 점, 또 들뢰즈가 내재성을 새로운 사유의 이미지로 다루고자 했다는 점을 밝혀 보려고 했을 따름이다. 그러나 여기에서 주목할 것은 생명이라는 명사 앞에 붙은 'une'라는 부정관사와, 내재성과 생명 사이에 존재하는 콜론이다. 네 쪽 반이 채 안 되는 바로 이 글 안에서 들뢰즈는 부정관사가 뜻하는 것이 무엇인지를 이미 밝히고 있다.* 또한 내재성은 생명과 '같다'고 말할 수 있을 것인가?**

더군다나 들뢰즈가 생각하는 생명이라는 것도 우리가 의례적으로 사용하는 의미에서의 생명이 아니며, 생명에 대한 사유 또한 복잡하다. 간단히 말해서 그는 유기체의 생명을 말하고 있는 것이 아니다. 마찬가지로 한 개인의 생명을 말하고 있지도 않다. '유기적'organique이라는 단어는 들뢰즈가 기회 있을 때마다 비판해 마지않던 단어이다. 그는 심지어 유기체는 생명을 가둘 뿐이라고 말하기까지 한다.(들뢰즈, 『감각의 논리』) 피어슨Keith Ansell Pearson의

---

* 부정관사를 언어의 측면에서, 더 나아가 정신분석과의 관계 속에서 파악한 논문으로는 다음을 참조. 졸고, 「들뢰즈는 언어에 대해 적대적인가?」, 『프랑스학 연구』 48집, 2009년.
** '내재성'과 '생명' 사이의 콜론에 대해서는 다음을 참조. *Gilles Deleuze: une vie philosophique*, ed. Eric Allez, Synthélabo, 1998.

표현을 빌리면, 들뢰즈는 '무기적 생명'이라는 놀라운 생각을 하고 있다.(피어슨, 『싹트는 생명』, 433쪽) 우리가 무기물이라고 하는 것들, 이를테면 물, 공기, 흙 등이 없다면, 우리가 유기물이라고 하는 것들은 과연 생명을 유지할 수 있을까? 유기물이 스스로를 재생산하기 위하여 무기물에 열려 있으며 또한 의존하고 있다면, 과연 우리는 어디에서 유기물과 무기물의 경계를 가르며, 생명과 비생명을 가를 수 있을까? 결론적으로, 이러한 무기적 생명에 방향이란 있을 수 없다. 또한 목적도 의미도 있을 수 없다. 피어슨은 들뢰즈의 이러한 생명에 관한 이야기를 지금까지 무시되어 온 근대 생명철학의 한 갈래를 통해 밝히려고 하였다. 바이스만August Weismann이 말하는 '비인간적인 힘'의 도래, 리처드 도킨스에게까지 내려오는 생명에 대한 허무주의적 메시지[***](『싹트는 생명』, 26쪽)의 계보를 통해 들뢰즈는 자연 또는 진화에는 어떤 합목적성도 없다는 점을 말하려 했다는 것이다.(『싹트는 생명』, 34쪽)

생명과 내재성의 환경이 이러하다면, 존재/영원의 환경은 교조적이며 도덕적일 수밖에 없다. 일찍이 니체는 철학의 가장 일

[***] 우리가 관찰하는 우주는 …… 어떤 설계도 목적도 없는, 어떤 악도 선도 없는 우주, 오로지 맹목적이고 비정한 무관심한 우주인 것이다. …… DNA에게는 인식도 정(情)도 없다. DNA는 단지 존재할 뿐이다. 그리고 우리는 그것이 연주하는 음악에 맞추어 춤춘다." C. Richard Dawkins, *River out of Eden*, Weidenfeld & Nicolson, 1995, p.133.(피어슨, 『싹트는 생명』에서 재인용)

반적인 전제들이 본질적으로는 도덕적이라고 말한 바 있다. 왜냐하면 오로지 도덕만이 선을 말할 수 있고, 또 오로지 선만이 사유와 참 사이의 친화성을 근거 지을 수 있기 때문이다.(들뢰즈, 『차이와 반복』, 295쪽) 왜 그러한가? 우리는 이를 데카르트와 칸트의 경우를 들어 살펴보기로 하겠다.

데카르트와 칸트의 경우 : 주관적인 전제의 환경

데카르트가 대면했던 문제는 각 개념이 다른 개념을 지칭하는 [예를 들어 '인간' 개념이 '합리적-동물'이라는 다른 개념을 지칭하는 경우], 모든 객관적인 전제들을 거부하는 데에 있었고, 그리하여 오로지 주관적인 선철학적 전제들만을 사용하여 사유하는 데에 있었다.(들뢰즈·가타리, 『철학이란 무엇인가』, 43쪽) 그가 생각한 주관적이며 선철학적인 전제들이란 이를테면 "모든 사람이, '사유하다', '존재하다', '주체'라는 것이 무엇인지를 안다"라는 종류의 것들이다.(『철학이란 무엇인가』, 43쪽) 그렇게 하기 위해서는 객관적인 어떤 것을 전혀 전제하지 않는 최초의 개념을 찾는 것이 관건이 되는데, 그 결과 탄생한 것이 코기토cogito이다. 이렇게 되면 다른 개념들은 이 코기토라는 최초의 개념을 근거로 한다는 조건하에 객관성을 획득하게 된다.

그러나 들뢰즈의 질문은 이것이다. 위에서 우리가 아리스토텔레스의 경우를 통해서 본 고전 철학의 객관적인 전제들을 축출하면서, 데카르트는 다시 주관적인 전제들을 도입시키고 있는데, 과연 이 주관적인 전제들은 객관적인 전제들보다 나은가? 즉, 고전 철학의 사유의 환경이 객관적인 전제들의 환경이었다면, 데카르트의 사유 환경은 주관적인 전제들의 환경인데, 전제가 주관적인 것이 객관적인 것보다 나은가[덜 교조적인가/덜 독단적인가]? 고전 철학이나 데카르트 이래 근대 주체 철학이라는 것은 모두 사유 바깥에 있는 선철학적 전제들을 놓고 사유를 시작한다. 그러나 '생각하는 존재'라는, 소위 '최초의 개념'은 전혀 확실한 개념이 아니며, 오로지 전제일 뿐이다. 더 나아가 들뢰즈는 선언하듯 이렇게 말한다. "단순한 개념은 없다."(『철학이란 무엇인가』, 27쪽) 모든 개념은 몇몇 구성요소들을 가지고 있으며, 최초의 개념이라는 것마저 그러하다. 개념이란 조각난 전체이며, 궁극적인 혼돈이다.(『철학이란 무엇인가』, 27~28쪽) 모두 이해하겠지만, 이 최초의 개념이 그 전제된 확실성을 상실한다면, 이는 데카르트 사유의 체계 자체를 위협하는 일이 되어 버린다. 왜냐하면 다른 모든 개념들의 객관성이 이 최초의 개념의 객관성으로부터 지지되고 있기 때문이다. 그러므로 전제를 두고 시작한 사유는 그 전제의 정당성을 변호하는 데 전력을 쏟을 수밖에 없어지고, 전제 그 자체를 문제 삼는 일은 일어날 수 없다. 다시 말해서 그 철학 체계의 전제에 동의하지 않는 철학은 사유의 모든 과정에서 동의에 이를 수 없다. 그 말은,

또 다시 말해서, 전제를 두고 시작하는 철학은 폐쇄적이라는 뜻과도 같은 것이다(같은 말이지만, 폐쇄적이라는 말은 독단적/교조적이라는 말과 같이간다).

줄리앙은 현명하게도 이 사유의 환경을 밖으로부터 관찰하기 위하여 중국 철학과 서양 철학의 '변화'에 대한 사유를 비교하는 방법을 선택했다. 그는 같은 이야기를 영원히 계속하기보다는, 밖으로부터 자신들의 철학을 다시 읽어 보는 방식을 택했고, 그리하여 서양 철학의 최초의 논리적 작동 이면으로, 의식적이지 않은 기초로 거슬러 올라가 보게 되었다고 말한다(㉔). 중국 철학은 변화를 설명하기 위해서 목적 개념을 필요로 하지 않으며, 질료라는 것도 따로 필요 없고, 변화하는 어떤 것 외부에 있는 원인이 따로 있어야만 하지도 않을 뿐만 아니라, 변화를 담는 그릇 개념이 추가로 필요하지도 않다. 이는 서양 철학자들이 쉽게 비판해 왔듯이 중국 철학에 논리나 인식론이 부족하거나 결핍되어 있어서 그런 것이 아니라, 두 사유의 환경이 다르기 때문이다. 이 환경이라는 것은 줄리앙이 지적한 것처럼 '논리적 작동 이면'에 있는 '의식적이지 않은' 기초이기 때문에, 그 환경 안에서 사유하는 사유자가 알아채기 힘든 사유의 외부이다.

데카르트와 더불어 주체 철학의 환경을 확고하게 체계화한 칸트의 경우는 어떠한지 살펴보자. 우리는 보통 칸트가 철학을 형이상학의 독단으로부터 깨어 내어 이성을 재판정에 세우려 하였다고 이해한다. 형이상학이라는 것이 전통적으로 초월적인 것 transcendant을 끌어들여서 경험을 설명하는 독단에 빠져 있었으나, 칸트는 모든 것을 '내재적'으로 사유해야 한다고 주장하였다. 즉, 경험을 넘어서는 모든 것을 제외하고, 칸트는 모든 가능한 경험을 조건짓는[가능하게 하는] 내적인 원리가 무엇인지를 물었다는 뜻이다. 이러한 것이 바로 칸트의 비판 작업이며, 칸트는 이성 비판을 통하여 가짜가 아닌 진정한 인식, 진정한 도덕, 진정한 아름다움을 세우려고 하였다. 그럼에도 불구하고 들뢰즈는 칸트에게 있어서도 독단적인 사유의 이미지를 발견한다(다시 말하면 그것은 내재성의 변질이다(들뢰즈, 「내재성 : une 생명…」)). 들뢰즈는 어떤 근거로 칸트의 사유 환경을 독단적이라고 말하는가? 왜 내재성의 변질이라 말하는가?

칸트가 다루려고 했던 세 가지 문제는 다음과 같다. 『순수이성비판』이 다루는 질문은 "나는 무엇을 알 수 있는가?", 『실천이성비판』에서 다루는 질문은 "나는 무엇을 할 수 있는가?", 『판단력비판』이 다루는 질문은 "나는 무엇을 바랄 수 있는가?"이며, 각각의 질문들에 대하여 칸트는 철저히 인간의 능력을 비판하는 방식으로 [다시 말해서 내재적인 방식으로] 그 답을 찾아 나간다. 주관적이고 암묵적인 최초의 확실성을 찾는 것이 관건이었던 데카르트가 코기토를 발견한 데 비하여, 칸트에게 있어서는 인간이 가지고 있는 능력들의 일치가 그의 사유에 관건[최초의 확실성]이

된다.* 왜냐하면 철저하게 인간의 이성을 비판하는 방식으로 경험적인 모든 것의 조건을 탐구하려고 한다면, 경험적인 것의 다양을 통일체로 '종합'하는 것이 인간의 능력 내부에 경험과 독립적으로 존재해야 하며, 그 근거는 반드시 인간의 능력들의 자발적인 일치에 있어야만 하기 때문이다. 능력들이 자발적으로 일치해야 경험적인 다양의 조화로운 종합이 가능하게 될 것이기 때문이다. 그런데 바로 여기, 이 능력들의 일치를 칸트가 그저 '전제'하고 있지 그 근거가 철학적으로 탐구/비판되고 있지 않다는 데 문제가 있다. 그는 이 문제를 다루기 어려워했거나 피했고, 헤르츠에게 편지로 이렇게 고백했다. "이 일치의 원천에 관한 탐구는 전적으로 인간이성의 한계를 넘어선 것이다. 그럼에도 불구하고 우리가 만약 탐구하기를 원한다면, 우리의 창조자 말고는 다른 근거를 내세울 수 없다."**

칸트가 전제한 것은 이것만이 아니다. 칸트에게 있어서 이성은, 자연이 물리적으로 동일한 것으로 포착되었던 것처럼, 도덕적으로 선한 것으로 가정되어 있다.*** 장-자크 뷔넨베르제Jean-Jacques

---

* 능력들의 일치를 칸트의 세 비판서에 공통적인 문제로 독해한 것은 칸트 독해 영역에서 들뢰즈의 업적이며, 이 문제는 『칸트의 비판철학』에서 다루어지고 있다.
** 1789년 5월 26일 「헤르츠에게 보내는 편지」 XI, 52(들뢰즈, 『칸트의 비판철학』, 역자 해설 173쪽에서 재인용).
*** 칸트의 도덕비판이 불충분하다는 이 논의는 졸고, 「들뢰즈에게 어떤 윤리를 기대할 수 있는가?」, 『들뢰즈로 말할 수 있는 7가지 문제들』에서 참조함.

Wunenburger는 이 사실을 다음과 같이 명석하게 분석한다. 그에 따르면, 칸트에게 중요했던 것은 도덕성에 진정한 기초를 다지기 위해, 우선 모든 구체적인 적용 이전에, '도덕적으로만 행동할 존재에게 있어서' 선의 표상이 무엇일지를 아는 것이다.(Wunenburger, *Questions d'éthique*, p. 86) 다시 말해서 칸트주의는 논점선취(의 허위)[논증해야 할 것을 도리어 전제로 삼는 일]에 기대고 있다. 즉, 도덕적인 의지volonté morale nouménale는 동어반복적으로 선하다. 그러므로 이 의지는 선藼을 명령할 수밖에 없는 것이다.(*Questions d'éthique*, pp. 89~90) 이 분석에서 알 수 있다시피, 도덕적인 주체가 선의 표상을 낳는다는 말은 분석판단이나 다름없으며, 이때 중요한 것은 주체가 과연 도덕적이냐의 문제가 되는데 칸트는 이를 전혀 문제 삼지 않았고 단지 전제했을 뿐이다. 도덕적으로 행동할 수밖에 없는 주체에 의한 선의 명령은 요구되고 가정된 것이지 비판에 의해 증명된 것이 아니다.

즉, 칸트의 비판은 일치, 조화, 통일, 도덕, 선을 전제로 한 환경에서의 능력들에 대한 비판이지, 그 전제 자체를 문제 삼고 있지 않다는 말이다. 이 사실은 칸트 스스로도 다음과 같이 밝히고 있다. "두번째 질문──나는 무엇을 해야 하는가?──은 단순히 실천적인 것이다. 이 질문은 물론 순수이성에 속할 수 있다 ; 그러나 선험적이지 않고 도덕적이다 ; 결과적으로 이 질문은 그 자체로 우리 비판의 대상이 될 수 없다."(『순수이성비판』, A805/B833) 다시 뷔넨

베르제의 표현을 빌리자면 칸트는 그 자체로 선한 사물에 대한 앎으로부터 도덕적인 행위를 해방시키고 싶었지만,(*Questions d'éthique*, p. 89) 그것을 다시 그 자체로 도덕적으로 선한 주체 안에 가두어 버리고 만 것이다.

칸트는 형이상학의 독단에 빠지지 않기 위하여 모든 것을 '내재적'으로 사유하려고 하였으나, 그의 '내재성'이란 일치, 조화, 통일, 선 등을 전제하는 '선험적transcendantal* 주체'에 구겨 넣어

---

*transcendant과 transcendantal에 대한 우리말 번역어에 대하여 ; 칸트 학회에서는 전자를 '초재'로 번역하고, 후자를 '초월' 혹은 '선험'으로 번역하기로 하였다고 한다. 전자가 '초월'로 번역된 역사가 있었기 때문에 이와 혼동되지 않기 위하여 후자를 종종 '초월론적'으로 번역하기도 한다. 들뢰즈는 스스로의 철학을 empirisme transcendantal이라고 부르는데, 이를 우리말로는 연구자에 따라 '초월적/초월론적 경험론' 혹은 '선험적 경험론'이라 번역한다. 각각의 명칭을 사용하는 이유들이 있으며, 필자는 개인적으로 '초월'이라는 단어가 아무리 transcendantal을 가리키는 단어로 칸트 연구자들 사이에 합의가 되어 있다고 해도, 들뢰즈의 철학이 '내재성'으로 불리는 마당에 그의 철학을 다시 '초월론'이라 부르면, 철학의 외부에서 받아들이는 입장에서는 오해의 여지가 많다는 생각이 들고 또한 들뢰즈가 말하는 transcendantal이라는 것은 칸트의 사용과 같은 맥락에서 경험의 가능조건으로서 [그리고 들뢰즈에게 있어서는 생산조건으로서] 경험에 앞서는 것이기 때문에 '선험적'이라는 것도 불가능한 것이 아니어서 '선험적 경험론'이라고 부르는 것을 선호하나, 선험 역시 경험과 모순된 개념으로 여겨진다는 이유로 이를 반대하는 입장도 물론 있다. a priori가 역시 '선험'으로 번역되고 있는 실정이니 어려움이 많다. 독자의 입장에서는 우리말 번역을 보지 말고 그 원어의 뜻이 원래 무엇이었는지를 염두에 둘 필요가 있을 것 같다. transcendant는 경험에 독립적이며 외적인 존재를 가리키는 개념이고, transcendantal은 칸트가 발명해 낸 개념으로서 모든 가능한 경험의 가능조건이라는 뜻으로 쓰인다. 이러한 번역어들은 사후에 토론을 거쳐 합의를 해야 하는 문제라는 생각이다. 이 책에서는 우선 transcendant를 '초월'로, transcendantal을 '선험적'으로 번역하여 사용하였다.

진 내재성이다. 바로 그러한 이유 때문에 들뢰즈는 칸트의 내재
성이 내재성의 변질이라고 말한 것이다. 다시 말하면 서구 고전
철학이 목적, 원인, 질료, 형상 등을 전제로 하는 '초월적 대상'objet
transcendant에 매달려 있다면, 그 형이상학적 독단에서 깨어나고자
'내재성'을 추구했던 칸트는 이 내재성을 '선험적 주체'를 매개로
사유하고 있을 뿐인 것이다. 두 사유 사이의 근본적인 차이는 없
다. '내재성'은 자기 자신에만 내재하지, 그 '어떤 것'에도 들어 있
지 않고, 그 어떤 '주체'에도 속하지 않는다. 보통 들뢰즈의 이러
한 섬세한 설명을 듣지 않은 상태에서는 '내재성'이라는 개념을
다룰 때 그것이 '우리'에 내재한다고 잘못 생각하기 쉽다. 플라톤
이 세계를 경험적인 것의 세계와 가지적인 초월 세계로 나누기
때문에, 들뢰즈의 '내재성'이 플라톤적인 초월적 가지성에 내재
한다고는 오해하지 않으나, 칸트적인 방식으로 선험적 주체를 말
할 때는 '내재성'이라는 것이 '선험적 주체'에, 혹은 '경험'에 내재
하는 것으로 오해하게 된다. 그러나 들뢰즈의 '내재성'은 '주체'에
도, '대상'에도 속하지 않으며, 그 스스로 안에만 존재한다. '주체'
와 '대상'은 '내재성'에 비추어 이미 '초월자들'transcendants이다.(들뢰즈,
「내재성 : une 생명...」) 주체나 대상은 내재성을 담지 못한다. 내재성이 주
체나 대상에 넣어진다면, '그것'은 초월자가 될 수밖에 없게 된다.

　　우리는 동양인인 데도 불구하고 서구 사유에 훨씬 익숙하다.
그리하여 '내재성'이란 주체에도 대상에도 내재한 것이 아니라고

말하면 머릿속에 일대 혼란이 시작된다. 주체와 대상이 아닌 그 어디에 내재성이 내재한다는 말인가? 내재성은 내재성에만 내재한다. 거기는 어디인가? 우리가 이미 앞서 말한 바와 같이 내재성은 생명이라 '어디'에 안착할 수 없음은 분명하다. [그리고 이러한 불안정성이 너무나 싫었던 많은 전통 철학자들이 이 불안정한 생명을 어딘가 정지된 것에 자꾸만 구겨 넣고자 했던 것이다.] 그럼에도 불구하고 이 '어디'를 정말로 '위치'를 지시하는 개념으로 말해 보려는 시도를 한 철학자들이 있다. 블랑쇼나 하이데거는 이를 '사이'로 명명한다. 그러나 그 '사이' 역시 정확한 위치는 아니다. 왜냐하면 이 '사이'라는 단어가 의식하는 주체와 의식되는 대상 '사이'의 공간 어딘가를 말하는 것이 아니기 때문이다. 이들이 '사이'로 말하고 싶은 것은 오히려 '관계'이다. [물론 이때 하이데거와 현상학이 사용하는 '사이'에 들뢰즈가 합의하는 것은 아니다. 들뢰즈는 이 '사이'라는 것이 상호 소통과 조화라는 점에서 반대한다.(바디우, 『들뢰즈-존재의 함성』, 72쪽) 현상학은 "지나치게 평화 회복적이고 지나치게 많은 사물들을 찬양했다."(들뢰즈, 『푸코』, 170쪽)] 들뢰즈가 흄의 경험론을 다루면서, 경험론의 문제는 "가지적인 것이 경험적인 것 이후에 오는가?"의 문제가 아니라 "관계는 항termes 바깥에 있다"는 문제라고 지적한다.(들뢰즈, 『디알로그』, 107쪽) 즉 흄의 '연합론'associationism이라는 것은 관계가 항 바깥에 있다는 것을 말하는 이론이라는 것이다. 관계가 항 바깥에 있다는 것은 무엇을 말하는 것일까? 항이라는 것은 경험

적인 것들을 말하는 것이다. 관계는 경험적인 것이 아니라 경험
적인 것 밖에 있는 것이다. 그렇게 되면 관계는 무한히 가능하다
는 말을 할 수 있다. 항과 항 사이의 관계는 무수히 가능하다. 이
는 실체 중심주의인 전통 철학과 완전히 단절하는 사유이다. 전
통 철학은 항A[즉 실체A]에 종속될 수 있는 속사가 제한된다. 그
러나 흄의 사유에 이르면, 전통 철학에서 말하는 항A에 대한 속
사의 종속이 결코 필연적이지 않으며 [흄의 회의주의], 그 결과 오
히려 관계는 무수히 가능해진다. 흄에 대한 들뢰즈의 새로운 시
각이다. 들뢰즈는 흄의 경험론이 EST('있다', '이다'라는 뜻의 계사)
를 ET('그리고'라는 뜻의 접속사)로 대체하는 사유이며, 경험론에
그 이외의 비밀은 없다고 말한다.(『디알로그』, 110쪽) 관계, 사이, 이러한
단어들이 생명을 표현하는, 혹은 생명이라는 사유의 환경 속에서
사유되는 개념들이라고 할 수 있다.

결론 : 사유의 환경으로서의 내재성이 가져오는 결과

우리는 '내재성'을 이해하기 위하여, 우선은 그것이 사유의 환
경이라는 것을 지적했다. 그런데 이 환경은 사유되지 않는 것non-
pensée이기 때문에, 사유의 바깥으로 나가 보기 위하여 내재적인
사유의 환경과 내재적이지 않은 사유의 환경, 혹은 내재적이라
고 주장하나 사실은 내재적이지 않은 사유의 환경들을 비교해 보

았다. 우리가 살펴본 바에 의하면, '내재성'이 아닌 사유의 환경은 언제나 암묵적인 전제들을 가지고 있으며, 이 전제들은 (전제라는 개념이 원래 그러하지만) 별다른 근거가 없다. 들뢰즈가 주장하는 '새로운 사유의 환경'은 말할 필요도 없이 '내재성'의 환경이며, 이 환경은 '아무 전제도 없는 사유'를 강요하는 그러한 환경이다. 우리는 선善을 사유해야 하는 궁극적인 이유나 근거를 가지고 있지 않으며, 참을 사유하고자 하는 의지를 선천적으로 가지고 있는 것도 아니다. 그러한 환경이 내재성이라는 환경이다.

그러나 이러한 환경에서 사유하는 것은 쉽지 않은 일이다. 왜 그럴까? 그것은 첫째, 사유할 거리가 사유자에게 자발적으로는 주어지지 않기 때문이다. 이 환경은 초월도 정지도 없기 때문에 사유의 출발점으로서 철학자라면 누구나 이것을 사유해야만 한다는 그러한 종류의 사유거리를 주지 않는다. 우리는 아무것도 가진 것이 없이 사유를 시작해야만 한다. 궁극적인 목적도 없고, 신이 부여한 의미도 없고, 우주적 조화도 없고, 선/악도 없고, 미/추도 없으며, '인간'도 없고, 기타 '일반적인' 것이란 아무것도 없다. 그러므로 우리는 '악'의 문제에 대해서 생각해 볼 수도 없고, '인간'이란 무엇인가에 대해서 이야기해 볼 수도 없으며, '일반적인' 어떠한 주제들, 이를테면 '민주주의'라든지, '민족'이라든지, '역사 일반'이라든지 하는 주제들을 다룰 수 없다. 왜냐하면 이러한 것들은 모두 암묵적인 전제들을 사유의 환경으로 삼고 다루어야 할 주제들이기 때문이다. '인간'이라는 주제는 '인간성 일반'이 어떤 것인지는 몰라도 있다는 것을 전제로 하는 주제이고, '선/악'의 문제 역시 무엇을 선/악으로 규정할지는 몰라도 어쨌든 뭔가 선/악을 가르는 기준이 있을 것이라는 전제를 함축하고 있는 문제이다. 미/추의 문제도 마찬가지이다.

소설가이자 극작가인 부르기아드Pierre Bourgeade는 이 점을 명확히 지적했다. 그는 "아름다움에 대한 정의를 포기해야 하는가?"라는 프랑스 바칼로레아 주제에 대하여 다음과 같은 말로 논술을 시작한다 ; 이것은 이상한 질문이다. 왜냐하면 이 질문은 아름다움이라는 것이 (대상이나 개념 혹은 인상과 같이) 우리에게 알려져 있는 '어떤 것'이고, 어떤 특정한 시기에는 우리가 아름다움을 정의할 수 있었을 것이라는 사실을 함축하는 것처럼 보이기 때문이다.(프랑수아 다고네, 『삐딱한 예술가들의 유쾌한 철학교실』, 89쪽) 그리고 그는 다음과 같이 글을 끝맺는다 ; '태양과 죽음은 똑바로 쳐다볼 수 없다······' 그렇다면 아름다움은?(『삐딱한 예술가들의 유쾌한 철학교실』, 91쪽) "아름다움이란 무엇인가?"라는 주제는 '아름다움'이라는 것이 어찌되었든 있다는 것을 전제로 한 질문이다; 우선 그는 이 점을 명확히 했다. 그리고 일상생활에서 우리가 정의하지 않은 채 사용하는 '아름다움'이라는 말의 의미는 무의미일 수도 있다는 점을 지적하면서 글을 마쳤다.

대부분의 철학적 주제라는 것이 이렇듯 우리가 근거를 내세울 수 없는 전제들을 환경으로 삼는다. 바칼로레아 논술 시험에 출제되는 다른 주제들을 일별하더라도 사정은 마찬가지이다. 이를테면 "변한다는 것은 다른 사람이 되는 것인가?"라는 주제는 동일자와 타자가 분리되어 존재한다는 것을 전제하는 질문이고, "우리는 자기 자신이 되는 것을 배워야 하는가?"라는 질문은 배워야 할 '자기'라는 것이 있다는 것을 전제하는 질문이며, "사유는 언어의 포로인가?"라는 질문은 사유와 언어가 분리된 것들이라는 점을, "기술적인 것에 지능이 있는가?"라는 질문은 이 질문에서 다루는 '지능'intelligence이라는 것이 결국은 신적인 능력을 모방한 인간적 지능이라는 점을, 실제로 2001년 일반경쟁 주제로 나왔던 "실재와 실재가 아닌 것을 어떻게 구분할 수 있는가?"라는 질문은 실재와 실재가 아닌 것이 구분된다는 점을 이미 전제한 질문이다.

그렇다면 우리는 무엇을, 어떻게 사유해야 하는가? 그리고 무엇을, 어떻게 사유하는 것이 내재성이라는 생명의 환경에서 사유하는 길인가? 이러한 맥락에서 나오는 개념이 바로 '비자발성'이라는 개념이다. 들뢰즈는 자발적이며, 합목적적이고, 변증법적인 사유에 대하여, 비자발적이고, 반-로고스적이며, 비-변증법적인 사유를 제시한다.(들뢰즈, 『프루스트와 기호들』) 들뢰즈에 따르면 로고스적 사유는 우리가 사물 속에 집어넣은 것만을 사물로부터 끄집어낸다.(『프루스트와 기호들』, 156쪽) 로고스는 알아보고 싶은 것만을 알아보며, 같은 맥락에서 자발적인volontaire 능력[자발적 의식, 자발적 기억, 자발적 사유]은 주어진 주제와 관련된 것만을 불러 모아, 미리 주어진 전체를 위하여 끼워 맞출 뿐이다. 이는 교조적이고 독단적인 사유의 환경에서 일어나는 사유의 양상이다. 이러한 사유에서 새로움이 사유될 리 만무하다. 사유는 언제나 이미 있었던 주제들의 재현이며, 수월한 재인식이 될 뿐이다. 이에 대하여 그가 제시하는 것은 능력의 '비자발적' 사용이다. 능력을 비자발적으로 사용한다는 것은 무엇일까? 그것은 내가 사유하고 싶은 것을 사유하기 위하여 능력들을 자발적으로 동원하고 일치시키는 것이 아니라, 감각의 강요에 의하여 사유를 시작하게 되고, 능력들을 비자발적으로 동원하는, 수용적이고 수동적인 사유가 된다. 이때 능력의 수용성réceptivité과 수동성passivité은 능동성의 결핍manque으로 정의되는 것이 아니라, 오히려 능동성의 가능조건으로서 이해된다. 짐작할 수 있다시피, 이러한 사유는 사유거리를 미리 알 수도 없고, 사유 결과를 미리 알 수도 없다. 우리는 오로지 우연적인 만남으로부터 유발되는 고통과 즐거움으로부터 질문을 던질 수밖에 없으며, 한 번도 주어진 적이 없는 그 의미를 찾기 위하여 감각적 고통/즐거움으로부터 유발된 비자발적 능력이 활성화되기를 바랄 수밖에 없다. 마들렌을 맛보며 형용할 수 없는 행복에 빠진 마르셀이 과연 이 행복의 이유는 무엇인가를 찾아 나서게 되는 것처럼. 그러므로 내재성의 사유는 반드시 경험주의가 된다.

▶ 사유가 시작하는 지점에 대한 에세이

㉠ 2009년 봄 「슬럼독 밀리어네어」가 아카데미 8개 부문의 상을 받았으며, 골든글로브에서도 4개 부문의 상을 받고, 전 세계 각종 시상식에서 99개 부문에 후보로 올라 70개의 상을 탔다고 홍보되고 있을 무렵, 나는 이 영화에 전혀 관심이 없었다. 시놉시스를 읽어 봤을 때에도 별다른 흥미가 생기지 않았다. 여러 영화 중에 한 편을 골라 영화를 봐야 할 상황이 되어, 나는 어쩔 수 없이 이 영화를 선택하면서, 과연 그 많은 상을 탄 이유가 무엇일까, 그거나 감상해 보자는 삐딱한 마음으로 영화관에 앉았다. 영화가 시작되고 처음 얼마간 나는 별다른 감흥이 없었다. 굳이 들뢰즈 식으로 설명하자면, 이 영화는 세 가지 시간선이 한순간에 교차하는 것을 잘 보여 주는 영화이다. 시간의 중첩과 기억의 축적, 그리고 우리가 보통 현재만을 산다고 생각할 때 사실은 그 현재 안에 과거와 미래가 공존한다는 것을 잘 보여 주고 있다. 물론 들뢰즈가 말하는 시간이 이것이 전부인 것은 아니라는 점을 지적해야만 하겠다. 그러나 시간이 지날수록 영화를 관람하는 나의 태도가 얼마나 건방진 것이었는지를 자각하게 되었다. 연출, 각본, 음향, 음악, 연기 등이 훌륭하다는 것보다는──나는 그런 것을 평가할 만한 전문가가 아니다──감독이, 극작가가, 그리고 원작소설가가 인도의 그 현장을 보여 주려고 했다는 점, 단지 그 점에 나를 사로잡는 것이 있었다.

ⓛ 그리고 얼마 후, 나는 내 강의를 듣던 한 학생이 이런 이야기를 하는 것을 들었다. 그 학생은 얼마 전 중국 여행을 다녀왔다. 여행 길에 팔도 다리도 없는 사람이 구걸하고 있는 것을 보았는데, 그 학생은 거기에서 한동안 움직일 수 없었다고 한다. 눈을 뗄 수 없었고, 그냥 지나갈 수 없었다. 그 여행에서 기억에 남는 것은 그것이었으며, 그는 왜 그 장면이 그렇게 기억이 나는지 알 수가 없다고 했다. (학생의 말을 들은 것이 몇 개월 전이라, 내가 옮긴 학생의 전언에는 나의 각색이 포함되었을 수도 있다.) 정확히 기억이 나는 것은, 그때 그 이야기를 들으면서 내가 순간적으로 깨달은 것, 그리고 그 학생에게 이런 이야기를 해주었다는 것이다. (그때 나는 그 학생이 포함되어 있는 강좌에서 들뢰즈의 『프루스트와 기호들』을 강의하고 있었다.)

ⓒ 우리의 사유는 그러한 우연한 사로잡힘으로부터 시작한다. 팔다리가 없는 사람이 구걸하는 모습은 우리나라에서도 종종 목격할 수 있는 장면이다. 그러나 그날 왜 나는 그 장면에 그렇게 사로잡히게 되었는가? ──이 질문이 사유의 시작이다. 그 사유는 어디를 향해 나아갈까? 그것은 그 장면이 나를 사로잡은 이유를 깨닫는 쪽으로 나아간다. 그 이유가 바로 그 장면의 [들뢰즈 식의, 당연히 내재적인] 본질/이데아이다. 이유를 깨달은 자는 [『프루스트와 기호들』 강의의 맥락에서] 그 이유로부터 소설을 쓸 수 있다. 들뢰

즈는 소설이란 작가의 경험/기억과 상상을 작가의 의견으로 꿰는 것이라는 오해가, 예술 장르들 가운데 가장 흔한 오해라고 말한다. 기억과 상상은 예술의 그림자일 뿐이다. 아마도 「슬럼독 밀리어네어」의 연출자나, 그 원작인 『슬럼독 밀리어네어-Q&A』의 소설가는 내 강의를 들었던 그 학생과 비슷한 어떤 경험을 했으리라고 본다. 그리고 그들은 그 경험의 이유를 깨달았을 것이고, 그 깨달음으로부터 이야기가 흘러나왔을 것이다. 그러므로 서사는 중요하지 않다(아니, 이차적이다). 중요한 것은 그 서사의 이유일 것이다.

㉣ 전제 없는 사유의 출발과 여정이란 바로 이러한 것이다. 내 강의를 들었던 그 학생이나, 비카스 스와루프Vikas Swarup라는 『슬럼독 밀리어네어-Q&A』의 소설가, 그리고 「슬럼독 밀리어네어」의 연출자들처럼, 우리의 사유는 우연한 사건에 의하여, 그 사건이 주는 감각의 강제에 의하여 '비자발적으로' 시작된다. 사유가 비자발적으로 시작되어야만, 자발성의 의도와 목적으로부터 자유로울 수 있다. 비자발적으로 시작된 사유는 종착지를 예견할 수 없다. 그것은 미지의 세계이기 때문에 내가 가는 길이 곧 첫 길이요, 창조이자, 새로움의 탄생이 될 것이기 때문이다. 만약에 「슬럼독 밀리어네어」의 연출자가 말하고자 한 것이 한 빈민가 청년의 성공 스토리라면 참 아쉬운 일이다. 나는, 퀴즈쇼에 나와서 삶의 기억과 여러 행운에 의하여 문제를 끝까지 맞힌 그 청년을 주인공으로 보지 않

왔다. 그리고 그 퀴즈쇼에서 백만 달러를 상금으로 받은 것을 성공으로 보지도 않는다. 그렇다고 그 삶이 실패라는 뜻도 아니다. 다만 인생들에 대하여 어떤 인생은 성공이고 다른 어떤 인생은 실패라 말할 수 있는 기준은 없다는 뜻이다. 내 생각에 그 영화에 주인공이란 없었다. 사라져 간 그 많은 소년과 소녀, 청년과 여자들이 다 자기의 이야기를 하고 있다고 보았다. 구걸하는 돈을 두 배로 늘리기 위하여 강제로 눈이 멀게 된 소년, 몸을 팔게 될 뻔한 소녀, 동생과 여자를 지키려고 무리하게 폭력 조직의 일원으로 살다가 결국 서로 사랑하는 동생과 여자를 위하여 여자를 도망시키고 스스로 권총 자살한 자말(주인공)의 형조차도, 모두 자기의 이야기와 그 이야기의 이유들을 가지고 있는 중요한 등장인물들이었다. 나는 형의 인생조차도 아름답게 보았다. 만약 주인공이 마지막 문제까지 맞추고 사랑하던 여인과 만나면서 우리에게 감동과 같은 감각을 주었다면, 우리를 감동시킨 것은 주인공 개인이 아니라, 주인공이 그 자리에 있을 수 있도록 하기 위하여 상처입고, 죽어 갔으며, 스러져 간 다른 삶들 때문이다.

[개념/현실적인 것의] 생산 원리로서의 내재성

• [개념/현실적인 것의] 생산 원리로서의 내재성

평등하고 다양한 것들의 생산 원리

지금까지 내재성을 새로운 사유의 이미지/환경으로서 이해하고
자 노력하였다면, 그리고 이 환경이 무엇인지를 이해하기 위하여
이 환경과 대비가 되는 교조적이고 독단적인 사유의 이미지와 비
교하려고 노력하였다면, 이제는 이 내재성을 경험적인 것/현실
적인 것과 개념의 원리로서 설명해 보고자 한다. 그러나 이 두 가
지 접근은 서로 다른 내재성을 드러내려는 것이 아니라, 내재성
에 접근할 수 있는 두 가지 길로 제시된 것일 뿐이다. 이를 위하여
우리는 내재성이 들뢰즈에 의해 다시 다루어지기 이전에 철학사
적인 맥락에서 어떻게 사용되었는지 참고해 보려고 한다.

내재성을 사전에서 찾으면,* 이는 크게 두 가지 맥락에서 쓰

였다. 우선 모리스 블롱델Maurice Blondel에 의한 쓰임새가 있는데, 이는 초월적인 존재의 인식을 위한 한 방법으로서, 그러니까 다시 말하면, 호교론적 방법으로서 사용되었으며, '내재성의 방법'이라 불렸다. 그리고 이러한 방법은 오귀스트 사바티에Louis Auguste Sabatier, 멘 드 비랑Maine de Biran, 레옹 올레-라프륀느Léon Ollé-Laprune 등의 유심론적 전통을 잇는 것이다. 블롱델에 따르면 "신은 영혼의 양식으로서, 그리고 초자연적인 방법으로 스스로 고양되는 인간의 신적인 변환으로서, 내적인 수용에 의하여, 인간의 삶에 삽입될 수 있다."** 즉, 블롱델에 의해 다듬어진 '내재성의 방법'이라는 것은 초월적인 신이 우리의 삶에 내재한다는 것을 근거로 하여 신을 변호하고 또한 재인reconnaissance하는 방법이다.

　이때의 내재성은 짐작하다시피 들뢰즈의 내재성과는 아무런 관련이 없는 용법이지만, 우리(현재 한국의 들뢰즈 독자)가 종종 들뢰즈의 내재성을 바로 이 블롱델의 용법으로 이해하고 있기 때문에 주의를 할 요량으로 주목할 필요가 있다. 들뢰즈의 텍스트를 읽으면서, 들뢰즈가 자신의 철학을 선험적 경험론empirisme transcendantal이라고 불렀다는 것과 관련하여, 우리는 종종 들뢰즈

---

* '내재성'에 대한 들뢰즈 이전의 사용에 대해서는, *Encyclopédie de la philosophie*, pp. 780~781을 참조하였다.
** Maurice Blondel, *La philosophie et l'esprit chrétien*(*Encyclopédie de la philosophie*에서 재인용).

의 철학을 '경험을 넘어서는' 것으로 이해하려는 경향을 갖는다. 그리고 다시 '내재성'과 관련하여서는 '경험을 넘어서는 어떤 것이 우리 안에 내재한다'고 이해하려고 한다. 이러한 이해는 전적으로 들뢰즈를 배반하는 독서이다. 당장 이해하기는 어렵겠지만, 정확히 기술하면 이렇게 말해야 한다. "경험의 가능/발생 조건인 내재성은 스스로에만 내재하며, 경험적으로 구성된 주체와 대상이 탄생하는 순간, 우리는 이미 이 내재성 밖으로 떨어져 나간다." (들뢰즈, 「내재성 : une 생명…」) 좀 부적절한 비유일 수도 있겠는데, 이를 포함관계로 표현하면 다음과 같다. 내재성이 우리에게 내재해 있다면, 내재성보다 우리가 큰 것이다. 그러므로 내재성의 원리는 우리가 된다. 내재성이 내재성에만 내재한다면, 우리에게 만약 그 내재성이 얼마간 발견된다 할지라도 그 내재성이 얼마간 왜곡된 채로, 물질화되어 존재할 것이다. 우리에게 있을 수 있는 그 내재성은 실로 타락하거나 왜곡된 내재성의 일부분일 뿐이다.

블롱델의 사용법과 구분되는 다른 하나의 사용법은 형이상학의 한 태도를 가리키는 것인데, 여러 철학자가 여기에 관련된다. 이는 우선 스콜라 철학자들이 아리스토텔레스의 분류를 다시 형식화하면서, 행위를 내재적immanens 행위와 초월적/타동적transiens 행위로 나눈 데에서 비롯되었다. 이때 내재적 행위란 행위가 그 행위를 하는 자 내부에서 이루어지는 행위로서, '보다/알다'와 같은 행위를 이르는 말이고, 초월적/타동적 행위란 다른 것 속으로 들어가는 행위로서, 어떠한 것을 '생산하다/변화시키다'와 같은 행위를 이르는 말이다. 스피노자가 이와 같은 맥락에서 스스로의 철학을 표현하였다. 즉 신은 초월적 원인이 아니라 내재적 원인이라는 것이다. 물론 들뢰즈는 바로 여기에 개입한다. 들뢰즈는 스피노자에 대하여 이렇게 말한다. "불가능성의 가능성을 보여주기 위하여 그리스도가 한 번 강생降生한 것처럼, 사유될 수 없으나 사유되어야만 하는 것은 단 한 번 사유되었다. 그러므로 스피노자는 철학자들의 그리스도이며, 가장 위대한 철학자들은 이 신비에 가까워지거나 멀어지는 사도들일 뿐이다. …… 스피노자는 '가장 훌륭한', 다시 말해서 가장 순수한 내재성의 쁠랑을 보여 주었고, 세웠으며, 사유하였다."(들뢰즈·가타리, 『철학이란 무엇인가』, 90쪽) 그러므로 들뢰즈의 내재성은 철학사적인 의미에서는 이 두번째 의미로, 더 정확히는 스피노자의 '내재적 원인'이라는 사용법으로 사용하였음이 틀림없을 것 같다. 그러나 이는 후에 다루기로 하고, 이와 같은 맥락에서의 '내재성'의 사용법을 더 살펴보기로 하자.

사전은 이 사용법을 칸트에 대하여 적용하면서 이를 스피노자보다 훨씬 더 길게 다루고 있다. 사전에 의하면, 칸트는 이성과 원리들의 '내재적 사용'과, 독단적 형이상학이 그 원리들을 '물자체'에 적용하려고 할 때의 이성과 원리들의 '초월적 사용'을 구분하였으며, 가능한 경험의 틀 안에 머물러 있는 '선험적'a priori 지식으로서의 '내재적 형이상학'과, 가능한 모든 경험의 한계를 넘어서려는 '초월적 형이상학'을 구분하였다. 이러한 칸트의 경우는 우리가 이미 본 바 있다. 들뢰즈는 칸트의 이 '내재성'을 내재성의 변질이라고 말했다는 점도 우리가 이미 지적하였다. 칸트의 이 내재성이라는 것은 어찌되었든 모든 것을 종합하고 일치시키는 '선험적 주체'Sujet transcendantal 안으로 모조리 흡수되어 버렸기 때문이다. 들뢰즈는 또한 칸트의 선험은 경험의 진정한 가능조건이라기보다는 '경험적인 것의 복사'redoubler일 뿐이라고 말하기도 했다.(들뢰즈, 「내재성 : une 생명...」) 즉 이는 원리와 원리로부터 생산된 것이 여전히 동일성과 닮음의 관계에 있을 뿐이라는 점을 지적하는 것인데, 플라톤의 이데아와 경험적인 것 사이에 대한 비판과 같은 맥락이다.*

즉, 사전에서 마치 철학사적으로 '내재성'의 저작권은 칸트에게 있는 양 길게 설명하였음에도 불구하고, 들뢰즈가 볼 때 칸트의 내재성은 변질된 것이며, 경험적인 것을 복사한 것에 불과하다. 스피노자의 경우는 어떠한가? 보통 '신은 내재적 원인이다'라는 정식과 범신론汎神論으로 알려져 있는 스피노자의 내재적 원인이라는 것이 무엇인지 살펴보도록 하자. [물론 당연히 이 경우에

---

* 원리와 원리로부터 생산된 것이 동일성과 닮음의 관계에 있다는 것은, 이미 원리가 원리로서 [그 자격이] 불충분하다는 것을 보여 주는 것에 불과하다. 이 논의에 대해서는 졸고, 「철학사에서 사라져버린 나머지 반쪽의 형이상학」, 『철학과 현상학 연구』 41집 참조.

도 신이 우리에게 내재하는 원인이라는 뜻으로 읽어서는 안 된다.]

신이 내재적 원인이라는 것은 언뜻 이해 못할 것도 없고, 그렇게 대단할 것도 없으며, 오히려 '신'에 대해서는 전혀 언급한 적이 없는 들뢰즈에게 부적당한 것처럼 보이기도 한다. 하지만 스피노자는 신에 대한 바로 이러한 이해 때문에 유태인 사회에서 추방당했다. 왜 그런가? 스피노자의 내재적 원인cause immanente과 대비되는 것은 유출적 원인cause émanative인데, 둘을 비교하여 설명하기 위해 우선 유출적 원인에 대해 알아보도록 하자. 경험적인 것에 대한 원인을 유출적인 것으로 생각하게 되는 논리는 이러하다. 플라톤 이래 세계는 경험적인 것의 세계와 가지적인 것의 세계로 나뉘었고, 경험적인 것은 가지적인 것을 모방한다는 관계를 맺는다. 이 '모방'의 관계는 '분유'participation의 관계로 표현되기도 한다. 즉 경험적인 것은 이데아의 완전성에 참여한다/혹은 이데아의 완전성을 나누어 갖는다. 그러나 플로티노스[신플라톤주의자]는 플라톤이 분유가 어떻게 가능했는지를 알기 위하여 분유하는 자들participant(경험적인 것들)의 성질로부터 출발했다고 비난하면서, 분유의 원리는 분유하는 자들이 아니라 분유된 것participé(가지적인 것, 이데아)의 측면에서 찾아야 한다고 주장하였다.(들뢰즈,「스피노자와 표현의 문제」, 232쪽) 그런데 우리가 분유의 원리를 분유된 것 쪽에서 찾는다면, 우리는 반드시 '그-너머'나, '그-아래'에서 찾아야만 한다. 분유를 가능하게 하는 원리가 분유된 것 자체이거나 분유하는 자들일 리는 없기 때문이다. 그리고 분유된 것도 아니요, 분유하는 자들도 아닌, 그 너머에 존재하는 이 원리로부터 모든 것이 흘러나온다Tout émane. (『스피노자와 표현의 문제』, 233쪽) 이로써 완성된 것이 유출원인이다. 그래서 플로티노스는 물질적인 시간인 크로노스Chronos와 영원의 시간인 아이온Aion 너머, '일자[즉 분유의 원리]'에 고유한 카이로스Kairos라는 또 하나의 시간을 상정하게 된 것이다. 이 일자가 인격신으로 구현된 것이 바로 기독교/유태교/이슬람교의 유일신 종교이다. 보통 유일신 종교의 전도 유인물을 보면 신과 우리[인간]는 절벽을 사이에 두고 완전히 분리되어 있다. 이를 신의 아들인 예수와 그 십자가로 연결하는 것이 유일신 종교와 그 구원의 논리이다. 그러나 종교에 대해서는 논외로 하자. 들뢰즈가 종교에 대하여 직접적으로 비판한 것은 찾아보기 어렵기 때문이다. 그러나 원리의 문제에 대해서는 당연히 비판한다. 이러한 원리는 현실에 비해 너무 멀고 너무 헐겁다고 비판하며, 더 나아가 최고 원리란 항상 가면이고 단순한 이미지일 뿐, 그것은 존재하지 않으며, 사물들은 두번째, 세번째, 네번째 원리의 수준에서 벌써 움직이고 활기를 띠기 시작하므로, 이미 원리는 더 이상 원리가 아니라고 말하게 된다.(들뢰즈, 『디알로그』, 107쪽) 그런 의미에서, 들뢰즈는 또한 다음과 같이 탄식한다. "우리는 추상적인 최고 원칙을 상정함으로써, 삶을 숨 막히게 만드는 재능을 가지고 있다."(『디알로그』, 106쪽)

그렇다면 스피노자의 내재적 원인이란 무엇일까? 스피노자의 체계 내에서 말하자면, 신이 내재적 원인이라는 것은, 신이 경험적인 것들(스피노자의 용어로 유한 양태들)을 만들어 내기 위해 자기 밖으로 나가지 않으면서 자기의 내부에서 모든 것을 만들었다는 뜻이다. 이것이 유출 원인과 어떻게 다른가? 다른 점을 말하기 전에 우선 공통점이 있으니 이것부터 지적하자. 내재적 원인이나 유출 원인이나 모두, 원인이 생산을 위해 자기 자신 안에 머무른다는 공통점이 있다. 그러나 유출 원인이 자기 안에 머무르는 반면, 생산된 것들은 원인 안에 머무르지 않는다. 플로티노스는 원인과 생산된 것이 서로의 외부에 있으면서도 서로 분리되지 않는다고 생각했는데, 그 이유는 이 관계를 흐름이나 빛의 방사로 생각하였기 때문이다. 반면, 내재적 원인은 생산하는 원인이 자기 내부에 머무를 뿐 아니라 생산된 것 역시 원인에 내재한다.(들뢰즈, 『스피노자와 표현의 문제』, 235쪽)

그 결과 유출 원인과 내재 원인 사이의 두번째 차이점이 드러난다. 짐작하다시피, 원인이 내재적이라는 것은, 원인과 결과가 존재론적으로 동등하다는 것을 의미하게 된다. 유출 원인이 아무리 빛의 방사의 양상으로 원인과 결과가 관계 맺는다 하더라도, 결과가 원인 밖에 존재하는 한, 결과와 원인 사이에는 위계가 존재한다. 마치 신과 인간이 '닮긴 했으나 본질적으로 다른 존재'인 것처럼. 그러나 원인이 내재적이라는 것은 존재의 평등을 이야기하는 것이다. 저 멀리, 저 밖, 저 아래, 저 너머, 또는 상기해야 할 과거, 앞으로 올 미래, 어딘가에 본질적인 것이 따로 존재하는 것이 아니라, 지금-여기Erewhon에 모두 존재한다.(들뢰즈, 『차이와 반복』, 21쪽) 원인이든 결과든. 그리고 만약 그러하다면, 스피노자가 말하는 실체가 그것의 양태보다 우월한 근거는 없다. 스피노자가 유태인 사회로부터 추방당한 이유도 바로 이 점에 있었던 것이다. 유일 실체인 신과 유한 양태인 인간이 존재론적으로 평등하다는 점, 스피노자가 신을 내재적 원인으로 설명하는 이상, 이 점을 감출 수는 없다는 점, 그러므로 스피노자는 가장 강력한 방식으로 신을 모독했다는 점.

그런데 여기서 핵심적으로 지적해야 할 것이 있다. 보통 스피노자를 이야기할 때 범신론과 더불어 나오는 말들이, 능산적 자연과 소산적 자연이다. 또한 스피노자의 체계에는 무한하고 완전한 유일 실체가 있고, 그 실체의 무한한 속성들이 있고(우리에게는 단지 연장과 사유 속성만이 알려져 있다), 또 그 실체의 양태들이 있다. 보통 이러한 체계로부터 우리가 받는 인상은(물론 적절한 관념을 형성하기 전의 인상impression/image/opinion은 부적절한 관념일 뿐이다) 스피노자에게 있어서 능산적 자연/실체가 소산적 자연/양태들보다 우월하며, 후자는 전자에 의존하는 것처럼 보인다는 것이다. 그리하여 마치 우리는, 스피노자가 유일한 무한 실체/신을 내재적 원인이라고 말했던 것을 잊어버리기라도 한 것처럼, 혹은 신이 내재적 원인이라는 점과 신이 무한 실체로서 양태들보다 우월하다는 점은 별개인 것처럼 이해하는 경향을 가지게 되는 것이다. 실제로 절대적 합리론자인 스피노자는 우리가 적합관념을 갖기 위해서 경험이라는 것은 전혀 필요하지 않다고 말하기도 하였다. 즉, 양태들의 경험은 완전하고 무한한 실체를 인식하기 위하여 별로 필요하지 않은 것처럼 말했다는 것이다. 그렇다면 신이 내재적 원인이라는 테제와 신은 양태들을 필요로 하지 않는다는 테제는 어떻게 화해할 수 있을까? 다시 말해, 신과 신이 생산한 것들이 존재론적으로 평등하다는 테제와 신이 생산된 것들로부터 독립적이고, 또한 후자가 전자에 의존하는 것처럼 보이는 것은 어떻게 동시에 가능한가? 이 문제를 들뢰즈가 어떻게 다뤘는지 알아보기 위해 우선 다음 테제를 살펴보기로 하자.

존재의 일의성 : 존재자들 사이의 평등, 다양성

신과 신이 생산한 것들이 존재론적으로 평등하다는 입장은, 사실 '존재의 일의성'univocité de l'être이라는 테제로 중요하게 다루어진다. '존재의 일의성'이란 간단히 말하면 존재가 하나의 의미로 말해진다는 뜻인데[여기에 대한 부언은 나중에 하기로 하자], 이는 존재의 의미는 다양하다는 전통적인 철학적 입장에 반하는 테제이다. 특히 서양 철학[논리학]의 기초를 잡았다고 알려져 있고, 줄리앙이 평가했듯이 지금까지도 거의 확고부동한 서양의 에피스테메를 확립한 아리스토텔레스의 경우 존재[혹은 '있음']의 의미가 다양하다는 것은 그의 근본적인 믿음이었다.^{(아리스토텔레스, 『형이상학』} 5권(Δ) 7장) 그의 범주론('있음 아래 분류되는 열 가지 범주들'^{Categoria of} ^{Being/About ten genera})은 바로 존재의 의미가 다양하다는 그의 믿음을 토대로 작성된 논리학의 도구이다. 즉, '무엇'[실체^{ousia}]으로 말해질 수 있는 존재는 양, 질, 관계, 장소, 시간, 능동, 수동, 소유, 자세 등과 같은 범주로 그 뜻이 구분된다는 것이다. 아리스토텔레스와 전통 철학에 대한 이런 식의 설명을 듣다 보면, 철학 비전공자의 입장에서는 혹시 이러한 철학적 태도가 다양성이나 다수성을 말하는 것이 아닌가 하는 생각을 하게 될 수 있다 ; 현대 철학이 주장하는 다수성의 테마가 이미 전통적인 주제가 아닌가 하는 의구심이다.

실제로 아리스토텔레스에게 있어서 '차이'는 중요한 개념이다. 이미 우리는 서양 철학을 접하자마자 개체에 대한 '정의'는 '유+종차'라는 아리스토텔레스의 '정의'에 대한 '정의'를 배운다. 여기에서 종차는 종적인 차이^{différence spécifique}인데, 우리가 쉽게 그리고 흔히 쓰는 그 '차이'라는 개념이 아리스토텔레스에게는 분명히 정의된 개념이다. 즉, '차이'는 다양성^{diversité}이나 이타성^{altérité}과 다르다 ; 두 항이 다르다^{différent}[차이난다]는 것은 그 두 항이 그스스로에 의해^{par eux-mêmes} 다른 것^{autres}이 아니라, 어떤 다른 것에 의하여par quelque chose d'autre 다르다는 것이다.*(들뢰즈, 『차이와 반복』, 90쪽) 즉 차이는 차이와 관련된 두 항이 공통적으로 귀속되는 동일성을 그 기준으로 갖는다[또는, 공통된 기준을 갖는 것들만이 차이난다고 말해진다]. 그리하여 아리스토텔레스가 제1실체라 불렀던 개체들이 수적으로 차이가 난다고 말할 수 있는 것은 이들이 종에 귀속되기 때문이고, 종적으로 차이난다고 말할 수 있는 것은 이 종들이 같은 유에 귀속되기 때문이며, 유적인 차이 또는 범주적 차이는 유비에 의하여 존재에 귀속되기 때문에 그렇게 부를 수 있는 것이다.(『차이와 반복』, 90~95쪽) 이제는 분명히 드러나 모두 알 수 있다시피, 아리스토텔레스에게 있어서의 '차이'와 존재 의미의 '다양성'은 언제나, 그리고 끝까지[가장 넓은 (존재의) 범위인 있음/존재에 이르기까지], 동일성과 기준이 버티고 있다. 다시 말해서 '존재의 다의성'이라는 테제는 우리가 보통 일상적으로 생각하는 [막연한] 다름이 아니다. 즉, "내 생각은 네 생각과 '달라', 그러니 너

---

* 이 설명이 참조하는 불어 원문은 다음과 같다. "[Car] deux termes différent quand ils sont autres, non pas par eux-mêmes, mais par quelque chose, donc quand ils conviennent aussi en autre chose, en genre pour des différences d'espèces, ou même en espèce pour les différences de nombre, ou encore "en être selon l'analogie" pour des différences de genres." (Différence et répétition, pp.45~46) ; 두 항이 다르다, 혹은 차이가 난다고 말할 때, 그것은 그들 스스로에 의하여 다르다고 말하는 것이 아니라 어떤 [다른] 것에 의하여 다르다고 말하는 것이다. 그렇게 되면 이 두 항은 또한 이 다른 것 안에 귀속된다. 이를테면 종적인 차이는 유에 귀속되고, 수적인 차이는 종에 귀속되며, 유적인 차이는 '유비에 따라 존재에' 귀속된다.

는 내 일에 간섭하지 마"와 같은 종류의, 또는 이와 동일한 생각이 사회학적/정치적 의미로 확장되는 것과 같은 그러한 종류의 태도와 관련이 없다는 말이다. 아리스토텔레스의 존재의 다의성이란, 서로 구분되는 다양한 것들이 다시 하나의 기준[종, 유/범주, 있음]에 의하여 재정리되고, 줄 세워지며, 기준으로 제시된 것의 존재성[속성이든지 성질이든지]이 그 다양한 것들에 비례적/위계적으로 분배되는 것을 말하는 다의성이기 때문이다.(『차이와 반복』, 95쪽) 그러므로 이러한 철학적 태도는 여러 입장들을 판단하고, 위계를 정하고, 순서를 매기고, 더 우월한 것을 결정하는 '궁극적인 그 것'이 있다고 전제하는 태도인 것이다. 이러한 존재의 세계에 있어서 존재자들 사이의 위계와 불평등은 불가피하다. 있음을 좀더 많이 분배받은 것이 그렇지 않은 것보다 우월하기 때문이다.

들뢰즈가 둔스 스코투스→스피노자→니체로 새로운 계보를 세우면서 '존재의 일의성'이라는 테제를 대두시킨 것의 의미를 이해하기 위하여, 우리는 아리스토텔레스의 근본적인 믿음이었거니와 서양 주류 철학에 면면히 흘러 왔던 '존재의 다의성'이라는 테제가 무엇인지를 먼저 살펴보았다. 존재가 여러 가지 의미로 말해진다는 것은 다양성/다수성과는 별로 관계가 없었고, 오히려 이 여러 가지 의미를 분배한 그 최종적인 것의 일자성과 분배받은 자들 사이의 위계성/불평등성을 의미하는 것이었다. 우리는 이미 스피노자의 내재적 원인을 다루면서, 원인이 내재적이라는 것은 존재자들 사이의 평등을 의미한다는 점을 지적한 바 있다. 이 문제를 '존재의 일의성'이라는 테제로 가지고 오면서, 존재자들이 서로 평등하다는 것은 존재가 하나의 의미로 말해진다는 것과 같은 뜻이라는 점을 밝히고자 했다. 그런데 존재가 하나의 의미로 말해진다는 테제는 어떤 식으로 다양성을 말할 수 있는 것일까? 그리고 이 문제가 스피노자에게 있어서 모순되는 것처럼 보이는 두 입장을 화해시키는 것과 무슨 연관이 있을까? 즉 신과 신이 생산한 것이 존재론적으로 평등하면서, 동시에 신이 생산된 것으로부터 독립적인 것처럼 보이고, 또한 생산된 것이 신에 의존하는 것처럼 보이는 모순 말이다.

우리는 앞서, '존재의 일의성'이란 존재가 하나의 의미로 말해진다는 뜻이라는 설명에 부언이 필요하다는 말을 이미 한 적이 있었다. 이제 이 점을 다룰 차례가 되었다. 들뢰즈는 이렇게 말한다 ; 존재의 일의성이란 존재가 단 하나의 동일한 의미로 말해진다는 것이 아니라, 그 모든 개별적 차이들 또는 내재적 양태들에 **대하여** 단 하나의 동일한 의미로 말해진다는 것이다. 존재는 이러한 모든 양태들에 대하여 동일하지만, 이 양태들은 서로 같은 것들이 아니다.(들뢰즈, 『차이와 반복』, 102쪽) 이는 개별적인 다양한 양태들의 **이질성/다수성으로서의 '있음'**이라는 점에서 같다는 뜻으로, 이때의 있음은 **'됨/생성'**이다. 그러므로 이때의 '있음'은 무의미이다. [사실 이 '무의미'라는 말도 오해하기가 쉽다. 이 무의미는 실존주의자들의 부조리를 뜻하는 의미의 부재가 아니기 때문이다.] 그러므로 있음은 개별자들에게 존재를 비례적으로/위계적으로 분배할 수 없다. 오히려 거꾸로이다. 개별자들이 있음을 분배하고 다닌다(유목적 분배). 지금까지 개별자들의 위계를 부여해 왔던 그 유일하고 완전하고 영원불변하는 존재/있음은 여기에 없다. 있는 것은 오로지 개별자들/양태들뿐이다. 이런 식으로 존재의 일의성은 존재자들의 다양성을 확보하는 테제가 되며, 또한 이런 식으로 해서 스피노자는 니체로 또는 들뢰즈로 다시 읽히게 된다.

그는 이렇게 말한다 ; 스피노자에게 있어서 아직도 실체와 양태들 사이에 어떤 무관심이 존속한다. [즉] 실체는 양태들로부터 독립적인 것처럼 보이고, 양태들은 실체에, 마치 다른 것에 의존하듯이 의존한다. [그러나] 실체는 양태들로, 오로지 양태들로만 말해져야 한다.(『차이와 반복』, 112쪽) 다시 말해서 실체라는 것은 양태들과는 독립적인 어떤 다른 것으로 보이지만, 사실 실체란 양태들일 뿐이다. 또는 양태들과는 다른 것으로서의 실체는 없다. 그리고 이것이 원인의 '내재성'에 가장 철저하고 충실한 이해일 것이다. 들뢰즈는 이에 대한 가장 적절한 예를 니체에게서 찾는다. 즉, 스피노자의 실체는 니체의 영원회귀와 같은 종류의 것이어야 한다는 것이다. [다시 말하면, 들뢰즈는 베르그손을 니체 식으로 읽었다고 비판받는 것처럼, 스피노자 역시 니체 식으로 읽고 있는 것이다.] 니체의 영원회귀는 실체적 동일성이 되돌아온다는 의미가 전혀 아니고, 되돌아 옴revenir이 됨devenir이라는 유일한 동일성을 구성한다는 뜻이다.(『차이와 반복』, 112~113쪽) 이는 실체가 따로 있어서 그 실체가 양태들을 생산하는 것이 아니고, 양태들이 실체라는 의미다. 이것이 바로 실체가 양태들로 '말해진다'는 것의 의미이기도 하다.

그렇게 되면, 있는 것은 양태들이요, 되돌아옴, 생성뿐이다. 종종 들뢰즈의 세계를 환영들simulacres만의 세계라고 표현하기도 하는데 바로 이러한 맥락에서의 표현이다. 들뢰즈에게 있어서 양태들을 생산한 실체, 되돌아오는 동일자, 환영들의 모델은 존재하지 않는다. 우리가 현실적인 것actuel 또는 경험적인 것이라 부르는 것들의 원인/원리인 실체, 동일자, 모델이 폐기된다. 그런데 이때 여러 가지 문제가 제기될 수 있다. 그렇다면 양태들이 양태들을 생산하는 원리가 되는가? 환영들이 환영들을 생산하는가? 원리와 원리가 근거 짓는 생산된 것들이 존재론적으로 구분되지 않는다면, 원리처럼 보이는 것[스피노자의 실체와 니체의 영원회귀 등]이 생산된 것들에 독립하여 존재하는 것이 아니라면, 이 우주에는 도대체 무엇이 무엇을 생산한다는 말인가? 우리는 이미 '내재성'이 개념과 사유의 환경으로서 사유되지 않는 것이라는 점을 살펴보면서, 그것이 '(비유기적) 생명'의 환경이라는 점을 지적한 바 있다. 그리고 그것은 영원불변하고 완전한 초월자를 배제하는 환경이라는 점도 보았으며, 이러한 초월자들을 사유에 토대로 개입시키는 것은 전제된 것이지 그 근거가 설명된 것이 아니라는 점도 보았다. 우리가 '내재성'에 대한 두번째 장에서 말하고 자 한 것은, 사유의 환경으로서의 '내재성'이 사유/개념/경험적 인 것들의 원인/원리로서도 작동한다는 점에 다름 아니었다. 초 월적 사유에서는 경험적인 것의 원인이란, 플로티노스가 극명하 게 보여 준 바와 마찬가지로 경험적인 것 너머에, 더 나아가서는 이데아조차도 너머에 존재한다. 그러한 '너머'에 있는 일자, 신, 실체 등은 혼돈스러운 현실을 설명하는 원인, 질서의 기준, 우연 한 것과 무의미해 보이는 것의 필연성과 의미의 역할을 한다. 우 리가 종교에서 구하고자 하는 것이 바로 그것이다. 내가 겪는 이 우연하고 혼돈스럽고 또한 고통스러운 현실에 어떤 이유가 있을 것이라고 믿고 싶은 것. 더 정확히 말하자면, 그 이유란 경험 내부 에 존재하는 그 또한 우연한 이유가 아니라 경험 외부에 존재하 는 초월자가 근거 짓고 부여하는, '나를 위하여 예비하신' 그러한 이유이다. 그런데 여기에서 초월자가 빠진다면? 그때에는 어떻 게 될까? 그래도 여전히 현실적인 것들이 생산되는 데에는 어떤 원인과 이유가 있을 텐데? 그런데 그것이 초월자가 아니며 내재 적인 데다가, 그 내재적인 원인이라는 것은 현실적인 것으로부터 독립된 존재가 아니라는 것이 들뢰즈의 얘기다. 우리는 이제 진 정으로 혼돈스러운 세계에 내던져진 것이다. 현실적인 것의 원인 이 내재하여 존재가 일의적으로 되면서, 우리는 존재자들 사이의 위계가 폐기된 평등한 세계를 목격할 수 있었다. 하지만 이 평등은 지불해야 할 대가가 있으니, 바로 방향의 상실, 의미와 목적의 상실, 기준의 상실이 그것이다. 모델과 기준이 사라진 세계의 평등은 당연히 자유를 동반한다. [정치적인 의미에서] 독재자가 죽어 우리는 자유와 평등을 얻었으나 혼돈이다. 과연 들뢰즈는 이렇게 말하고 마는 것일까? 그의 철학은 이것으로 끝일까? 그는 우리에게 진정한 아나키즘을 선물하고 있는 것일까?

바디우의 비판

들뢰즈에게 어려운 점, 그리고 바디우가 비판하는 점이 바로 여기에 있다. 물론 들뢰즈는 나무랄 데 없이 철저하고 정확하게 이 점을 설명하였으나, 바디우와 그 외 들뢰즈 비판자들은 이 점에 동의하지 않는다. 들뢰즈는 어떻게 이 문제를 해결하였을까? 우리가 해결해야 할 문제를 복기하자면 이것이다. 만약 스피노자의 실체가 내재적인 원인이긴 하지만 그가 생산하는 양태들로부터 독립적으로 존재하는 것이 아니라, 오로지 양태들로만 이야기되는 그러한 원인이라면, 과연 우리는 무엇이 무엇을 생산한다고 말할 수 있단 말인가? 굳이 말하자면 실체와 양태는 들뢰즈에게 있어서 이름만 다른 것이 아닌가? 존재는 일의적이고, 당연히 평등하며, 존재론적 분절은 없다. 그러나 이름이 두 개이다. 바디우가 이 점을 정확히 지적한다 ; 오로지 하나의 유일한 의미만이 있다고 말하기 위해서는 두 개의 이름이 필요하다.(바디우, 『들뢰즈—존재의 함성』, 83쪽) 왜냐하면 존재는 반드시 하나의 유일한 의미로 이야기되어야 하되, 한편으로는 그의 역능과 관련하여서, 또 다른 한편으로는 바로 이 역능이 그 자신 안에서 현실화하고 있는 환영들의 다수성과 관련하여서 이야기되어야 하기 때문이다. 바디우가 충실히 모아 놓고 있는 바대로, 들뢰즈에게는 이러한 이름의 쌍들이 여럿 존재한다.(『들뢰즈—존재의 함성』, 84쪽) 그 가운데 대표적인 이름의 쌍이 바로 잠재적인 것*과 현실적인 것의 쌍이다. 우선 상당 부분 베르그손으로부터 물려받은 유산인 이 잠재적인 것과 현실적인 것의 쌍이 어떻게 작동하는지 살펴보기로 하자.

이를 위하여 앞서 인용하였던 줄리앙의 텍스트를 다시 한 번 참조하도록 하겠다. ㉯단락은 마치 들뢰즈의 '내재성'을 직접적으로 설명하고 있는 것처럼 보인다. 잠깐 살펴보면, 아리스토텔

---

* 잠재적인 것, 혹은 가끔은 잠재태라고 번역하는 들뢰즈의 le virtuel은 아리스토텔레스의 잠재태 뒤마니스(dunamis)와 혼동되기 쉬우나, 이 둘은 전혀 다른 존재론적 위상을 가지고 있다. 줄리앙의 텍스트 ㉯단락이 이를 설명하고 있는바, 아리스토텔레스의 철학 체계 내에서 현실적인 것은 '잠재태'로부터 파생되는 것이 아니라 잠재태에 목적의 역할을 하는 '형상'으로부터 파생된다. 그러므로 '현실태'는 '잠재태'보다 형상에 더 가깝기 때문에 잠재태보다 우월하다. 그러나 들뢰즈의 잠재적인 것은 이로부터 현실태가 내재적으로 파생하여 나오는 것으로, 서로 상관적이다. 당연히 들뢰즈에게 있어서 잠재적인 것과 현실적인 것 외에 아리스토텔레스에서와 같은 외부의 형상은 존재하지 않는다. 또한 들뢰즈의 잠재적인 것은 아리스토텔레스에게 있어서의 질료와 같은 [형상이 아직 작용하지 않았다는 의미에서의] 무규정성이 아니라, 완전한 규정으로 사유되어야만 한다.(들뢰즈, 『차이와 반복』, 449~451쪽)

레스는 대립자들로 구성된 실체는 없다고 못 박은 반면, 중국에서는 모든 에너지가 음과 동시에 양으로 구성되어 있고, 이 둘은 변화를 설명할 뿐만 아니라 둘이 '같이' 존재하는 모든 것을 형성한다고 본다. 줄리앙이 '에너지'라 표현한 것은 앞서 바디우에 따라 우리가 '역능'puissance이라 부른 것, 그리고 들뢰즈에게 있어서의 '잠재적인 것'에 해당한다.

조금 더 살펴보자. 예컨대 중국 철학에서는 음과 양이라는 서로 대립되는 힘들의 상호 의존으로부터 흘러나오는 경향이 현실의 과정을 방향지우고, 에너지는 지속적으로 현실화된다 ; 지속적인 물질화가 일어나고 있기는 하지만, 고유한 의미에서의 '물질'로부터는 아니다. '에너지의 현실화, 지속적인 물질화'라는 표현에서 나오는 현실적인 것/물질적인 것이 바로 들뢰즈에게 있어서의 '현실적인 것'이 된다. 그러니까 에너지와 에너지의 현실화라는 '과정'이 바로 생산의 과정인 것이고, 우리가 지금껏 물었던 것은 이 생산의 원인/원리는 무엇인가 하는 점이었다. 다시 말해서 스피노자에게 있어서 실체가 양태로부터 독립적으로 존재하는 것이 아니라면 과연 무엇이 무엇을 생산한다고 말해야 하는가가 그 문제였는데, 줄리앙의 설명을 따르자면 중국 철학은 에너지로부터 현실적인 것이 생산된다고 말할 것이라는 점이다. 그런데 여기에서 중요한 점은 [들뢰즈에게도 똑같이 적용되는데] 에너지**가** 현실적인 것을 생산하는 것이 아니라 에너지**로부터** 현실적인 것이 생산된다는 점이다. 이 두 가지 표현은 조사만 조금 다른 것처럼 보이지만 사실은 아주 큰 차이가 있다. 전자의 표현은 에너지를 현실적인 것으로부터 독립한 존재인 것처럼 서술한 것이고, 후자의 표현은 에너지와 현실적인 것이 분간불가능한 것처럼 서술한 것이기 때문이다. 줄리앙이 괄호 안에 부가한 설명이 우리에게는 가장 중요한데, 그의 말인즉슨, 지도하는 원리란 그 자체로 대립자들에 더하여 존재하는 것이 아니라 이들의 조화로운 관계를 표현하는 것일 뿐이다. 다시 말하면, 우리가 오랫동안 물었던 그 원리[생산 원리]라는 것은, 대립자들에 더하여, 그와 독립하여 존재하는 그 무엇이 아니라 이들의 관계를 표현하는 것일 뿐인 내재적 장치일 뿐이라는 것이다.

줄리앙은 이에 더하여 ㉖단락에서, 장치의 한가운데에서 생산성은 밖으로부터 오지 않으며 전적으로 내재적이며, 실재의 구조는 과정 중에 있다고 표현하는데, 이는 들뢰즈가 개념들을 구체적인 배치들이라 부르고, [내재성의] 뽈랑은 그 배치들을 조각으로 가지고 있는 추상적인 기계라고 부르는 것과 거의 흡사하다.(들뢰즈·가타리, 『철학이란 무엇인가』, 57쪽) 줄리앙이 내재적 장치라고 표현한 것은 바로 들뢰즈에게 있어서의 추상적인 기계, 즉 내재성이다. 내재적 원인은 과정 중에 있으며, 대립자들에 더하여 독립적으로 존재하는 것이 아니라 이들의 [조화롭지 않은-비관계의] 관계(생명)*를 표현하는 것일 뿐이다. 그러므로 존재의 움직임은 초월자가 지도하는 방향대로 어떤 초월적 목적을 향하여 인도되는 것이 아니라, 대립자들의 상호 관계로부터 내재적으로 흘러나오는 경향에 따라 움직인다. 즉 초월 형이상학을 그 환경으로 삼고 있는 서구의 사유는 모든 존재가 순수 활동의 형상인 신을 향하여 운동하고 변화하지만, '내재성'의 환경에서 모든 변화는 과정의 지속적인 갱신 외에 다른 어떠한 것도 지향하지 않는다(㉕).

그러나 과연 에너지와 에너지가 현실화된 것, 잠재적인 것과 현실적인 것은 어떻게 구분할 수 있는가? 그리고 이 둘은 정말로 본질적으로는 구분이 되지 않는 존재인가? 바로 이 질문을 던진 것이 바디우이다. 바디우는 스피노자의 실체와 같은 위상에 있는 베르그손의 생명이 끊임없이 두 가지[물질과 기억, 지속과 공간화된 시간, 직관과 개념 등]로 나뉘며, 베르그손 스스로 이 두 가지 것들이 범주가 아니라는 점을, 다시 말해서 존재론적으로/본질적으로 구분되지 않는 것이라는 점을 끝까지 확신하지 못했다고 지적하고 있다.(바디우, 『들뢰즈—존재의 함성』, 125쪽) 그리고 들뢰즈가 이

---

* 관계의 비관계성은 매우 중요하다. 관계가 조화로 이해되면, 이 관계하에 존재하는 것들은 서로 동일화되어 버리며, 다시 동일자의 논리에 빠지게 되기 때문에, 잠재적인 수준에서의 관계는 반드시 비관계와 발산이어야만 한다. 그런 점에서 들뢰즈는 하이데거와 현상학에 반대하며, 만약 중국 철학이 에너지의 수준을 설명할 때 그것을 '조화'라 이름 붙인다면, 들뢰즈와 중국 철학의 관계가 어떠한지도 재고해 봐야만 할 것이다.

잠재적인 것과 현실적인 것을 구분^{distincts}되지만 분간이 불가능한^{indiscernables} 것, 구분이 되면 될수록 더욱더 분간불가능하게 되는 것(들뢰즈, 『시네마』2, 165쪽)이라며 모호하게 구분하는 데 그칠 뿐이라고 비판하면서, 들뢰즈의 이론이 전체적으로 취약하다고 말하고 있다.(『들뢰즈─존재의 함성』, 38쪽) 바디우는 스스로 말하기를 들뢰즈에게 제기한 이런 종류의 어려움과 궁지에 빠지지 않기 위하여, 본인은 잠재적인 것을 뺀 현실적인 것의 일의성을 주장한다고 하였다.(『들뢰즈─존재의 함성』, 123쪽) 바디우는 들뢰즈가 아무리 현실적인 다수성/환영들의 권리를 주장한다고 하더라도, 잠재적인 것을 현실적인 것과 더불어 동시에 내세우는 한, 존재를 둘로 분리하는 것처럼 보이는 궁지에 빠지지 않을 수 없다고 본다. 들뢰즈가 이름만 둘인 것이 아니라 정말로 존재를 둘로 분리했다면, 문제는 심각한 것이다. 바디우의 말대로라면, 들뢰즈의 잠재적인 것은 다시 삶에 있어서 독재자의 역할을 할 것이요, 그의 이론은 전체주의가 될 수밖에 없다. 그렇게 되면 철학이 초월자를 상정하면서부터 삶의 재판관으로 자리매김을 하게 되고, 그와 동시에 타락이 시작되었다고 비판한 들뢰즈의 철학적 명분이 전혀 서지 않게 되는 것이다.

그러나 우리는 바디우가 정치적인 이유 때문에 들뢰즈를 의도적으로 곡해한 것이 아닌가 하는 의구심을 지울 수 없다. 왜냐하면 들뢰즈의 사유를 따라가면, 마치 줄리앙이 중국 철학에 대하여 서술한 것처럼, 잠재적인 것이 원리로서 따로 또 밖에 존재하는 것으로 사유되지 않으며, 현실적인 것의 관계로서, 현실적인 것들의 힘으로서 이해되기 때문이다. 왜 바디우는 이 점을 자꾸 못 본 척하는 것일까?* 어찌되었든, 들뢰즈와 바디우가 모두 공히 전통적인 초월 형이상학을 비판하면서, 위계적/비례적으로 존재가 분배된 다수multiple가 아니라, 자유롭고도 평등한 내적인 다수성multiplicité을 지지하려고 함에도 불구하고, 잠재적인 것에 대한 둘의 입장 차이는 여러 가지 현실적인 문제들에 대한 입장 차이로 이어진다. [혹은 그 반대일 수도 있다. 즉, 경험적인 많은 문제들에 대한 입장 차이가 그들을 그렇게 다른 형이상학/존재론으로 이끌었을 수도 있다는 뜻이다.] 우선 바디우의 전언을 들어 보자. 그는 이렇게 말한다 ; 내재성과 존재의 일의성을 반드시 희생시켜야만 비로소 정치적 혁명, 사랑의 만남, 과학의 발명, 예술의 창조가 사유될 수 있다면, 나는 기꺼이 그렇게 하련다.(『들뢰즈—존재의 함성』, 198쪽)

'내재성'이란 무엇인가를 다루기 시작하여 먼 길을 에둘러 우리는 정치, 혁명, 사랑, 발명, 창조 등과 같은 주제에 와 닿았다. 주제를 잠시 벗어난 이야기지만, 철학에서 어떤 개념을 만들거나 그 개념을 이해하는 것이 중요한 이유는, 개념 자체 때문이 아니라, 그 개념에 포함된 철학적 입장 때문이다. 물론 우리는 들뢰즈

---

* 들뢰즈와 바디우의 이 문제에 대해서는 다음 논문에 다룬 바 있다. 졸고, 「철학사에서 사라져버린 나머지 반쪽의 형이상학」, 『철학과 현상학 연구』 41집 참조.

를 따라 '내재성'은 개념이 아니요, 개념들의 합도 아니요, 개념들의 개념도 아니라는 말을 해야만 한다.(들뢰즈·가타리, 『철학이란 무엇인가』, 55쪽) 내재성은 개념들의 환경이었다. 들뢰즈의 '내재성'을 다루는 지금 우리는 바디우와 철학적 입장차가 있지만 바디우의 말이 철학을 시작하려는 사람에게 있어서는 누구에게나 동기부여를 할 수 있을 것 같기에 그의 말을 인용해 보기로 한다.

왜냐하면 그[들뢰즈]나 나나 "민주주의"라 불리는 것에, 자유로운 자본주의에, 미국의 무력적 힘에 굴복하거나 동조할 수가 없었기 때문입니다. 그도 그렇지만 나 역시 세계의 새로운 지배자들을 도덕적으로 변명하는 일에 철학을 몰고 가길 원치 않았습니다. 우리는 사유 속에서 행위의 창조적인 자유를 보존하고 전개시키기를 원하였으며, 또 다가올 약동을 준비하면서 계속하여 자본의 질서와 그의 협조자들에게 단호하게 맞서길 원하였던 것입니다. …… 예를 들어, 다음과 같은 질문들이 그 [위의 문제]에 해당합니다. 저항의 능력, 자유로운 사유의 능력, 집단적 행위의 능력은 어떻게 인간적인 주체에 도달하는가? 도대체 정치적 주체란 무엇인가?

이러한 근본적인 질문들을 다루기 위해서는, 철학에서는 언제나 그랬듯이, 길고 긴 우회로들을 거쳐야만 합니다. 말하자면, 우연에 대해서, 진리에 대해서, 주름에 대해서, 수학적인 것들에 대해서, 영화에 대해서, 운명에 대해서, 니체에 대해서, 플라톤에 대해서, 그리고 그 외의 다른 것들에 대해서 말해야만 하는 것입니다.(바디우, 『들뢰즈—존재의 함성』, 한국어판 서문 26~27쪽. 강조는 인용자)

우리가 '내재성'이라는 사유의 바깥-비사유를 군이 사유해 보고자 애를 쓰는 것은, 그리고 철학자들이 수많은 개념들을 만들어 내고 개념들의 체계를 세우는 것은, 지적인 호기심이나 자만 때문이 아니라, 위에 기술된 수많은 문제들을 풀어 낼 수 있는 입장을 갖기 위해서이다. '내재성'을 견지하느냐 포기하느냐에 따라, (물론 바디우는 내재성을 꼭 버려야 한다고는 생각하지 않는다는 말을 덧붙이고 있기는 하지만) 혁명, 사랑, 과학, 예술, 자본, 집단, 행위 등등의 문제에 대한 입장이 달라지는 것이라는 뜻이다. 그런데 과연 위의 네 가지 주제에 대한 들뢰즈와 바디우의 태도는 그렇게도 달라지는 것일까?

정치적인 영역에서 혁명과 조직을 생각해 보자. 생명이라는 내재성을 사유의 환경으로 삼는 입장에서는 [추상적/일반적인] 거대담론은 아무 의미가 없다. 또는 그러한 담론은 존재하지 않는다. 변화와 운동은 미시적인 수준에서 끊임없이 이루어지고 있으며, 이 끊임없는 변화를 어떤 틀로 찍어 내어 고정시키려고 하는 모든 시도는 들뢰즈에 의하여 파시즘으로 비판받는다. 1968년, 바디우가 극렬한 마오주의자였으며, 들뢰즈는 자의와는 상관없이 아나키즘의 철학적 배후로 여겨졌었던 것도 이와 같은 맥락이다. 정치적으로뿐만이 아니라 들뢰즈는 철학적으로도 어떠한 진영에도 속하지 않았다. 이러한 그의 삶의 양태[혹은 스타일]는 그의 사유에 일치하는 것이다. '내재성'의 사유는 이와 같은 삶의 양태로 표현될 것이 분명하다. 그에 대한 전기적인 서술을 들여다보면 온통 "~이 아니었다"는 부정적인 서술밖에 발견할 수가 없다 ; 그는 현상학자도, 구조주의자도, 하이데거주의자도, 영미 계통의 분석 "철학"의 지지자도, 자유로운 신인문주의자(또는 신칸트주의자)도 아닌 철학자[였으며], 프랑스 공산당 지지자도, 레닌주의적 개혁주의자도, 정치의 "퇴조"를 이야기하는 황량한 예언자도, 그 뜻이 비교적 명확한 서구적 인간의 권리들을 주장하는 도덕주의자도 아니라고[『들뢰즈—존재의 함성』, 202쪽] 기술된다.

"~이 아니다"라는 부정적인 서술은, 들뢰즈의 입장을 부정적인 것으로 폄하하려는 것으로 이해되지 않고, 오히려 부정성을 부정하여 긍정만을 긍정하는 철학적 태도를 표현한 것으로 볼 수 있을 것이다. 생명은 어디에도 정박하지 않으므로 당연히 타이틀을 가질 수 없다. 생명은 베르그손의 개념을 사용한다면 지속의 시간을 사는 것으로서 이 내적인 지속은 정치적/역사적 시간과 다르며, 경우에 따라 서로 일치할 수도 그렇지 않을 수도 있다. 게다가 생명은 조직이나 혁명을 추동하기는 하나 스스로 조직이 되지는 않는다. [조직organisme은 생명을 가둘 뿐이다.[들뢰즈, 『감각의 논리』]] 그러므로 들뢰즈는 정치적 조직과 체제, 혁명을 적극 지지하지 않는 것 같은 입장을 견지하게 되는 것이다.

사랑은 어떠한가? 바디우는 사랑이 가능하다고 보나, 들뢰즈에게 사랑은 거짓이다(더 정확히 말하여 사랑에 있어서 본질은 거짓말이라는 일반법칙으로 육화한다).* 물론 들뢰즈가 사랑이 발생시키는 기호들이 거짓이라 하여 아무 의미가 없는 것으로 다루는 것은 아니다. 그는 오히려 "하찮은 사랑이라도 위대한 우정보다 낫다"(들뢰즈, 『프루스트와 기호들』, 59쪽)고 말하고 있으며, 변증법적으로는 풀리지 않는 수많은 기호들을 생산하는 것으로서, 즉 사유거리를 제공하여 사유를 훈련시키는 것으로서 오히려 긍정적으로 다룬다. 그러나 순수한 다수성인 생명, 아귀가 맞지 않기 때문에 전체를 이루지 않는 파편들의 존재에게 있어서는 사랑이란, 한 주체의 한 대상에 대한 것이라고 볼 수 없는 여러 층위가 개입하게 되며, 거기에는 믿을 수 없는 사랑의 진실—즉 거짓이라는 진실이

---

* 들뢰즈가 사랑의 법칙을 거짓말이라고 말하고 있다고 해서 독자들은 성급히 이에 거부감을 가질 필요는 없으리라고 본다. 필자가 보기에 들뢰즈는 이 '거짓말'인 사랑에 어떤 의미에서는 믿을 수 없을 정도로 많은 애정을 가지고 있다. 『프루스트와 기호들』의 주된 테마는 본질이라는 것을 표현하는 가장 우월한 기호가 예술의 기호라는 것인데, 그럼에도 불구하고 그는 제1부 6장 「계열과 그룹」, 제2부 3장 「찾기의 층위들」 전체를 사랑의 기호를 다루는 데 바치고 있다. 아무리 "위대한 우정보다 하찮은 사랑이 낫다"고 했다 한들, '거짓말인 사랑'에 대한 이러한 들뢰즈의 애정은 매우 독특한 것이 아닐 수 없다. 들뢰즈의 이 두 장은 사랑에 관한 가장 섬세하고 치밀하면서, 예리하기 때문에 아름다운, 그런 담론 가운데 하나로 평가받을 수 있으리라는 생각이 든다.

존재한다. 그럼에도 불구하고 우리는 사랑에 빠진다. 그리고 한 특별한 대상을 사랑한다고 믿기 때문에 고백도 한다. 사랑할 때마다 빠짐없이 고통스러워하고도 다시 사랑에 빠진다. 사랑이 들뢰즈가 말한 바로 저러한 근본적인 테마와 관련이 있다는 것을 우리는 언제 알게 되는가? 그것은 우리가 "사랑하기를 그칠 때, 즉 사랑에 빠질 욕망도 시간도 나이도 모두 고갈되었을 때, 오로지 그때에만 이 이해에 도달할 수 있는 것이다."(들뢰즈, 『프루스트와 기호들』, 110쪽) 그러나 필자는 들뢰즈가 사랑을 거짓이라 하였다 하여 사랑을 부인했다고는 생각하지 않는다. 사랑에 대한 들뢰즈의 이러한 담론은 오히려 바디우의 비판과는 달리 어떤 의미에서 사랑이 가능한지를 역설하는 것일 수 있다는 생각이다.

바디우가 예술의 창조와 과학의 발명에 대하여 말하면서 들뢰즈의 내재성을 견지하면 이 두 가지가 불가능해진다고 본 것은 오해가 아닌가 한다. 내재성이 지속으로 [완전한 동일성 관계는 아니지만] 사유될 수 있다면, 이는 베르그손의 그 '기억' 영역을 지시하는 것처럼 보이며, 그렇게 된다면 사유는 '창조'가 아니라 '기억'해 내는 것에 불과하기 때문에, 바디우가 들뢰즈에게 있어서는 창조와 발명이 불가능하다고 비판하는 것 같은데, 베르그손과 들뢰즈는 다르다. 바디우는 그 스스로 들뢰즈와 동의할 수 없는 것이 바로 이 점이라고 말하면서, 그에게 있어서 모든 진리란 곧 기억의 종말이자, 그 어떤 한 시작의 펼침이기 때문이라고 주장하는데,(바디우, 『들뢰즈—존재의 함성』, 151쪽) 바디우 같은 철학자가 들뢰즈의 진의를, 혹은 그의 텍스트를 이렇게 허술하게 읽거나 받아들였나 싶을 정도로 의아한 대목이다. 들뢰즈가 '기억'을 다루지 않은 것은 아니나, 그에게 있어서 기억은 플라톤의 상기와도 베르그손의 기억과도 다르며, 결국에는 [비자발적인 기억이라고 할지라도] 기억에 본질이 있지는 않다고 하면서 기억을 벗어나고 있다는 점, 기억을 말하는 순간조차도 그 기억은 창조라 말하고 있다는 점, 기억은 이차적인 역할밖에는 하지 못한다고 말한다는 지점을 왜 못 본 척하는 것인지 알 수가 없다.(들뢰즈 「기억의 이차적 역할」, 『프루스트와 기호들』)

반대로 바디우의 경우를 보자. 바디우처럼 잠재적인 것을 제외하고 현실적인 것들의 일의성과 순수한 다수성을 이야기한다면, 과연 그 현실적인 것들은 어떻게 생산된 것인가? 이러한 시스템에서 현실적인 것들의 생산 원리를 말할 수 있는가? 원리에 대하여 말하려고 하면, 이런 시스템에서는 다시금 현실적인 것들의 유사성과 이와 닮은 스스로 동일한 초월자가 필요하다. 그러나 바디우는 다시금 이렇게 말한다. 도대체 어떤 점에서 나의 철학이 반성적이고 부정적이며 유비적인 가치를 지니는지를, 도대체 어떤 점에서 나의 철학이 초월성에 해당하는지를 그[들뢰즈]가 다시 한 번 더 나에게 말해 주기를……(바디우, 『들뢰즈—존재의 함성』, 171쪽) 그는 과연 들뢰즈의 이 비판을 정말로 이해하지 못하고 있는 것인가?

결론: 현실적인 것의 생산 원리가 내재성이라는 점이 시사하는 것들

1장에서는 '내재성'을 사유의 환경으로 다루면서 '내재성'의 환경 안에서 사유한다는 것은 무엇인지를 설명하였다. 2장에서 다룬 '내재성'은 개념과 현실적인 것들을 생산하는 원리로서의 '내재성'이므로, 이로부터 우리는 '내재성'이 원리인 경우 생산되는 것들에 대하여 생각해 볼 수 있을 것이다. 그래서 우리는 이를 두 가지 측면에서, '생산하는 것'과 '생산된 것들'이라는 존재의 측면에서, 그리고 '생산된 것들'의 일종인 '우리'와 우리의 '삶'의 측면에서 다루어 보려고 한다.

1) 존재론의 측면

우선 존재론의 측면이다. 우리가 이미 여러 차례 말하여 왔듯이, '내재성'이 현실적인 것의 생산 원리가 된다면, 이 세계는 첫째, 모든 것들이 평등할 것이고 ; 둘째, 모든 생산된 것들이 새로울 것이다. 존재자들의 생산 원리가 초월자라면, 존재자들은 자신을 생산한 원리와 닮은 비율에 따라 서열이 정해질 것이고, 모든 생산된 것들은 초월자와 유사한 것[궁극적으로는 동일한 것]이 될 것이다. 그러나 내재성이 원리가 되는 한 존재자들은 모두 새롭고 또한 평등해지는데, 이 사실은 그리 단순한 것이 아니다. 사실 들뢰즈가 초월적 이데아를 비판하는 것은 원리가 원리답지 못하다는 데 그 주안점이 있다. 그것은 무슨 뜻이냐 하면, 초월적 이데아라는 원리는 생산된 것으로부터 그 성질을 빌려오고, 생산된 것에 의해 스스로를 증명하며, 생산된 것과 상관적이기 때문에 원리로서 불충분하다는 것이다. [원리의 자기 동일성과 생산된 것 사이의 닮음을 생각해 보라.] (들뢰즈, 『차이와 반복』, 315~317쪽) 그러니 동일하거나 닮지 않은 것은 생산될 수 없고, [우연히] 생산된다 해도 그것은 존재론적으로/도덕적으로 처벌받게 된다(시뮬라크르의 경우). 그러나 만약 스스로 동일한, 그리하여 "모든 잠재력과 모든 질료가 제거된"(⑭-줄리앙이 말하기를, 이는 신의 정의에 다름 아니다) 초월적 이데아가 폐기되고, 원리가 내재적이 된다면, 그럴 경우에 원리는 그 자체로 이질성이자 다수성이 되며, 원리와 생산된 것 사이에도 아무런 유사성이 성립되지 않으므로, 생산된 것은 언제나 새로운 것/이질적인 것이 되는 것이다. 들뢰즈의 '내재성'은 그저 '초월적' 원리의 반대 원리로 고안된 것이 아니라, '초월적 일자'가 원리로서 불충분하기 때문에 원리로서 합당한/충분한 원리를 위하여 제시된 것이다. 그리하여 원리가 '내재성'이라는 것이 함축하는 중요한 점은 바로 위에서 이미 언급했던 바로 그 사실에 있다 : 생산된 것은 새롭고 이질적인 다수들이나 이들은 모두 평등하다. 이 '평등'은 보통 존재의 일의성이라는 중요한 테제로 설명되는데, 들뢰즈를 비판하는 많은 사람들은 존재의 일의성이 '이질적인 존재자들 사이의 평등'을 뜻하는 테제임에도 불구하고, 이 '일'-이라는 어휘에 주목하여 '평등'의 개념을 보지 않으려 한다. 그러나 만약 이질적인 것들이 평등하며, 이것이 들뢰즈에게서처럼 존재론적으로/형이상학적으로 치밀하게 설명된다면 그것은 아주 중요한 것이다. 왜냐하면 지금까지 많은 이론들이 존재자들이 서로 다르다는 것과 그러한 이질적인 존재자들이 평등하다는 것을 좀처럼 화해시키지 못하여 왔기 때문이다. 특히 코제브, 사르트르, 알튀세르 등의 맑스주의자들이 보편적인 인간성을 주장하는 인본주의와, 계급간의 차이를 주장하는 반인본주의의 주변을 공전하면서 두 입장의 차이를 좁히지 못한 채 논쟁을 반복하고 있는 것이 바로 그러한 예이다. 만약 들뢰즈의 존재론이 잘 이해된다면, 우리는 더 이상 존재자들이 평등하다는 입장과 서로 다르다는 입장 가운데 하나의 입장을 선택할 필요가 없게 되는 것이다. 더욱이, 이러한 가능성이 편의에 의해 제공된 것이 아니라, 치밀한 존재론/형이상학에 의해 제공된 것이라면 그 의미는 배가 될 것이다.

2) 윤리적인 측면

존재의 이질성/새로움과 다수성, 이질적인 것의 생산이라는 테제는 윤리적으로는 어떤 함의를 가지고 있을까? 초월적인 이데아/신이 생산의 원리가 되지 않는 우주. 그리하여 이질성으로부터 이질적인 것이 생산되는 우주. 이러한 우주에 목적/의미/방향[이 세 개념은 거의 같은 의미로 쓰인다]이 있을 리 만무하다. 존재자의 삶에 미리 주어진 목적도 의미도 방향도 없다. 이데아를 잃은 우주와 존재자들은 갑자기 자유로워졌으나 방향을 상실한다. 이는, 형이상학적 엄밀함[앞서 언급한 원리의 불충분성/충분성의 문제]의 측면에서나, 현대라는 시대의 측면에서나[바디우 등 현대 철학자들은 현대를 혼돈의 시대로 본다.(바디우, 『들뢰즈—존재의 함성』, 47~48쪽)]*, 과학의 입장에나, 모두 합의하는 진단이다. 뉴턴[근대과학]이 역학법칙을 발견하였을 때, 그는 이 법칙이 너무도 정확하여 "인간은 이미 적혀 있는 대사를 낭송하는 앵무새에 불과하다"는 느낌이 들 정도였다고 한다. 그러나 양자역학[현대과학]의 등장으로 이러한 고전적인 결정론은 종말을 고하게 되었다. 인간은 양자역학 덕분에 자유의지를 되찾을 수 있었으나, 결정론이 떠나간 자리에는 다중성과 불확정성이 차지하게 된다.** 줄리앙의 말을 빌리면 에너지, 들뢰즈의 개념으로는 잠재적인 것이 이질적인 것으로서 존재하게 되는 우주를 생각해 보면, 그 우주에 인과율과 결

---

* "세계가 혼돈스럽다는 것은, 사유의 입장에서 보자면, 먼저 일자(un)나 다수(multiple)를 가지고서는 세계의 설명이 불가능하다는 것을 말한다." 그[바디우]에 따르면 현대의 세계는 이를테면 역사라는 **하나**의 의미에 의해서 측정되는 운동 안에 놓여 있지도 않고, 프롤레타리아/부르주아의 체제나 제국주의/사회주의/제3세계의 체제처럼, 명확하게 구분되는 **다수**의 부분들의 체제로 설명되지도 않는다. '하나-초월적 일자'로도, 하나로부터 측정되는 '다수'로도 설명할 수 없는 세계, 그러한 세계가 혼돈스러운 세계이며, 현대가 바로 그러한 시대이다.

** 양자역학 등 현대과학에 쉽게 접근할 수 있는 책은 여럿 있으나, 여기에서는 『평행우주』, 520쪽 참조.

정론이 끼어들 여지가 없다는 것은 분명하다. 이 불확정적이고 우발적인 우주에서 과연 우리는 어떻게 살아야 하는가? 자유로운 우리는 무엇을 선택해야 하는가?

줄리앙의 말에 의지해 보자. 초월 형이상학에서 우리는 "존재의 불충분성에 의해 촉발되어 신과 재조우하려는 갈망"을 가지고 있다(㉯). 그리스인들은 '관조'라는 활동을 통해 이러한 신의 영원하고 완전한 삶을 모방하려 하였다. 그렇다면 실체도 초월자도 없는 중국 철학은 어떠한가? 그들에게는 어떻게 사는 것이 권고되는가? 그것은 하늘의 장치에 일치하는 것, 사물의 이치와 혼연일체가 되는 것이다(㉰). 들뢰즈적 존재론에서 윤리를 말하는 길은 여러 가지이겠으나, 여기에서는 이 길로 가 보기로 하겠다. 우리의 논의에서 내재적인 사유로 제시된 중국 철학이 사물의 이치와 혼연일체가 되는 것을 권고한다면, 우리는 이를 들뢰즈의 개념으로 이렇게 말할 수 있다 ; 내재성의 존재론은 '이질성, 다수성, 우발성'으로서의 '잠재적인 것'에 혼연일체가 되는 것[-되기becoming]을 권고한다.

'우리'라는 경험적인 존재자들은 의식적인 존재자의 수준에서는 현실적인 존재이다. 보통 우리는 자아의 일관성을 믿고 대상의 안정성을 믿는다. 그리고 일상에서 보통은 이를 전혀 의심하지 않는다. 그러나 존재는 일관적이지도 안정적이지도 등질적이지도 않은 흐름이다. 이 흐름에 일치하는 것. 그것이 바로 이 혼돈으로서의 우주에서 살아갈 길이 될 '지도 모른다'. 이 흐름에 일치한다는 것은 자아의 일관성과 대상의 안정성을 허구로 인식하는 데에서부터 시작된다. 베르그손은 이러한 내적인 질적 지속을 인식하였다. 그러나 그는 이를 기억에 가두어 다시금 존재자의 동일성을 담보하는 것으로 내세웠다. 내적 변화를 동일성의 근거로 내세웠다는 것 자체가 이미 동일성/정체성에 대한 혁명적인 사유였으나, 들뢰즈는 이 마지막 동일성에도 반대한다. 동일한 것은 없다/혹은 효과일 뿐이다. 고유명사는 사건일 뿐이고, 있는 것은 이질적 흐름뿐이다.

그러나 이를 아무 저항 없이 받아들이는 것은 쉽지 않은 일이다. 우리는 일상적으로 자아의 동일성과 일관성을 굳게 믿고 그 자아가 애써 정립한 장단기 목표를 향해 스스로를 채근한다. 자아, 목표, 현재로부터 목표까지의 과정/변화, 들뢰즈는 이 모든 것들이 허구이자 단순한 효과일 뿐이라고 보는 것이다. 그가 말하는 '내재성'이라는 환경에서의 존재는 이질성과 내적 다수성이기 때문에, 우리는 언제나 새로움에 직면하고 우발적인 사건에 조우한다. 우연적인 사건은 우리로 하여금 사유하도록, 혹은 선택하도록 강요하나(1장의 결론 참조) 우리는 이를 상당 부분 애써 거부한다. 들뢰즈가 부정적인 것으로서, 슬픈 것으로서 떨구어 내려고 하는 것은 이러한 자기동일적 경향, 다시 말해 파시즘적 경향이다. 이질적 혼돈의 세계에서 병적인 것은 자기동일적/

편집증적 경향이다. 정치적인 파시즘만이 우리를 슬픔에 빠뜨리는 것은 아니다. 개체들의 자기 파시즘 역시 존재를 슬픔 속에 집어넣는다. '주체건 대상이건' 그 이질성에 혼연일체가 되는 것. 그것이 들뢰즈에게 있어 지복^{至福}일 수 있겠다.

　　이질적 존재자로 제시된 것으로 여기에서는 들뢰즈의 또 하나의 중요한 개념인 특이성[특이점]^{singularité}만을 짚어 보겠다. 이 개념은 물론 전적으로 철학적인 것으로 이해될 수 있으며, 이 개념을 들뢰즈가 처음 사용한 것도 아니다. 여기에서는 들뢰즈의 사용법을 소개하는 것으로 논의를 제한하겠다. 들뢰즈는 특수성 ^{particularité}/일반성^{généralité}과 개별성·단독성 혹은 단수성^{singularité}/보편성^{universalité}의 쌍을 대립시킨다 ; "그러므로 일반성이란 특수한 것의 일반성을 이르는 말이고, 반복이란 개별적인 것의 보편성을 말하는 것으로 이를 대립시킬 수 있다."_(들뢰즈, 『차이와 반복』, 27쪽) 들뢰즈에게 있어서 일반성이라는 것은 닮음이라는 질적인 질서와 등가성이라는 양적 질서를 제시하는 것으로 이해되고, 반복/보편성이란 교환불가능/대체불가능한 개별성에 관계하는 것으로 본다._(『차이와 반복』, 26쪽) 그리고 들뢰즈에게 보편성이란 반복으로서, 됨 ^{devenir}으로서 사용되고 있다. 맥락상 우리가 혼연일체 되어야 할 것은 교환불가능하고 대체불가능한 개별성이리라.

　　그런데 재미있는 것은 들뢰즈가 이 개념을 상당 부분 과학적인 맥락에서 사용한다는 데 있다. 우리나라에서 들뢰즈의

singularité를 특이성으로 번역하는 데에는 이러한 맥락이 작용한 것 같다. 특히 현대물리학[우주에 관한 이론은 현재진행형이기 때문에, 필자의 언급이 틀리는 점이 있더라도 양해해 주시기를 부탁드린다]에서 특이점이라는 것은 블랙홀의 실체로서 핵융합반응을 모두 종료한 거대 항성들이 스스로의 중력을 이기지 못해 계속 수축하여 부피는 0, 밀도는 무한대가 되는 지점을 말한다고 한다. 특이점은 '사건의 지평'이라는 것을 형성하는데 이 지평은 깔대기 모양으로 그 외벽으로는 에너지를 빨아들이며 내벽으로는 밖으로 발산하는 양상을 띤다고 한다. 특이점의 물질 흡입 속도는 빛의 속도보다 약간 더 빠르기 때문에 이론상 그 어떤 물질도 특이점 가까이에서는 이 흡입에 저항할 수 없다. 흡입된 물질은 모두 분자화/에너지화된다. 그러므로 특이점singularité이란 주체도 대상도 없는 지점으로서, 주체와 대상을 탄생시키는, 주체와 대상보다 논리적으로 앞선 존재의 상태가 된다. 발산과 수축 ; 깔대기 형태[원뿔 형태]; 3차원 이상[n차원] ; 사건의 지평 ; 에너지화/분자화[미분화] 등의 개념들이 모두 빠짐없이 들뢰즈의 존재론과 일치한다. 존재의 양태는 원래 특이점의 상태[분자화/미분화된 상태]인데, 우리는 우리 자신을 매우 안정적으로 지각한다. [이는 우리가 아주 자주 했던 언급이니 더 이상의 설명은 생략하겠다.] 이러한 특이점을 사는 것. 그것이 바로 내재성에 혼연일체가 되는 삶일 것이다.

과학으로 잠시 복잡해진 머리를 문학으로 식혀 보겠다. 루이
스 캐럴의 『이상한 나라의 앨리스』의 한 장면이다.

그 순간 앨리스는 3미터쯤 앞에 서 있는 나무의 큰 가지 위에
체셔 고양이가 앉아 있는 것을 보고 조금 당황했다. ······ "부
탁인데, 말 좀 해줄래요, 내가 어느 길로 가야 할까요?" "그거
야 네가 가고 싶은 곳에 달렸지." 고양이가 말했다. "난 어디든
별로 상관없어요······." 앨리스가 말했다. "그렇다면 어느 길
로 가든 괜찮아."······ 고양이가 말했다. 그리고 이번에는 꼬리
끝부터 시작해서 매우 천천히 사라졌다. 그렇게 몸이 완전히
사라진 후에 고양이의 웃는 입이 마지막으로 사라졌다. **"어머
나! 웃지 않는 고양이는 자주 보았지만, 고양이 없이 웃는 입만 남아
있는 건 본 적이 없어. 이렇게 이상한 일은 정말 처음이야."** (루이스 캐럴,
『Alice—이상한 나라의 앨리스』, 108~112쪽, 강조는 인용자)

고양이 없이 웃는 입만 남아 있는 것. 이것이 바로 특이성이
다. 그런 경우, 우리는 언제든지 고양이-되기[고양이 웃음이라는
이질성과의 혼연일체]를 할 수 있다. 들뢰즈는 말한다. 주체들은
관심 밖으로 밀려나고 대신 '이것임 ; héccéité' 혹은 특이성만이
남는다. 한 시간, 한 날, 한 철, 한 기후—열기의 정도, 강도들, 이러
한 것들은 형식화된 대상이나 주체와는 혼동되지 않는 완전한 특

이성이다.(들뢰즈, 『디알로그』, 167~168쪽) 다시 말해, 들뢰즈 존재론에서의 삶의 행동학이란, 주체도 대상도 아닌, 이질적 사건과의 혼연일체/되기일 것이다.*

---

* 들뢰즈는 이것을 『의미의 논리』에서는 역효과화(contre-effectuation)라는 개념으로 설명하곤 하였다. 들뢰즈 철학으로부터 윤리를 사유하는 문제는 필자에게 오랜 화두였으며, 이에 대한 두 논문을 발표한 바 있다. 「들뢰즈에게 어떤 윤리를 기대할 수 있는가?」(『들뢰즈로 말할 수 있는 7가지 문제들』), 「들뢰즈의 윤리: 문제 혹은 스타일」(『하이데거 연구』 20집). 현재는 피어슨이나 안 소바냐르그(Anne Sauvagnargues) 등의 연구자가 들뢰즈의 철학을 윤리적으로 사유하려는 노력을 보여 주고 있다.

• 에필로그

들뢰즈의 텍스트가 어렵다지만, 잘 읽어 보면 그렇게 아름다울 수가 없다. 다음 단락은 우리의 논의를 함축/요약하는 것으로 보여 별다른 설명 없이 인용하고자 한다. 너무 겁먹지 말고 한번 곱씹어 보자. 들뢰즈의 철학함의 태도가 얼마나 철저하고 치밀하며 또한 아름다운지 알 수 있을 것이다.

철학이 자신의 차이나 참된 시작을 발견하는 장소는 **선-철학**적인 이미지와 합의하는 곳이 아니라 그 이미지에 대항하여 치열한 싸움을 벌이는 곳일 것이고, 이런 싸움은 **비-철학**이라는 비난도 듣게 된다. 이를 통해 철학은 어떤 이미지 없는 사유 안에서 자신의 본래적인 반복을 찾게 될 것이다. 물론 여기서 치러야 할 대가는 크다. 가령 엄청난 파괴와 도덕적 퇴폐들이 따를 것이다. 철학은 역설 이외에는 어떠한 동맹자도 없이 버텨야 하고, 공통감의 요소는 물론이고 재현의 형식마저 포기하는 완고함이 있어야 한다. 말하자면 사유가 사유하기 시작할 수 있고 또 언제나 다시 시작할 수 있는 것은 오로지 그 선-철학적 이미지와 그 공준들에서 벗어나 자유를 구가할 때뿐이다. 만일 사유로부터 이런 형태-왜곡적 이미지를 투사하는 그 공준들이 먼저 검토되지 않는다면, 새로운 진리론을 내놓겠다는 주장은 공허한 메아리로 그치고 만다.(들뢰즈, 『차이와 반복』, 295~296쪽)

**참고
텍스트**

F. Jullien, *La propension des choses*, Editions du Seuil, 1992, pp.251~259

(프랑수아 줄리앙, 『사물의 성향』, 박희영 옮김, 한울, 318~329쪽.)

XI. ㉮ 희랍의 물리와 과정이라는 중국적 개념 사이의 차이에 선행하는 **일치점**은 이 두 전통이 모두 변화를 대립자들로부터 사유한다는 사실에서 찾아볼 수 있다. 아리스토텔레스에 따르면, 과정에 대하여 사유한 모든 사유자들이 겉으로 보이는 입장이 다르다고 해도, '이유가 부족'하긴 하지만, '마치 진리 그 자체가 그들을 강제한 것처럼', 이 점에 있어서는 합의한다 : 대립자들이 (생성과 부패, 운동, 변화를 동시에 가리키는 가장 일반적인 개념인 métabolé에 따라) 변화의 원리의 구실을 할 뿐만 아니라, 여기서는 유일한 대립이 문제되어야 한다는 점. (왜냐하면 **'하나라는 유 안에는 유일한 대립자가 있으며, 실체가 바로 하나인 유'이기 때문이다.**) 음과 양이라는 대립 원리가 홀로 모든 변화를 설명하는 중국의 전통에도 같은 합의가 있다 : (énantiôsis와 같은) 이런 최초의

'대립자'가 아닌 다른 출발점을 상정하는, '변화' 또는 '변환'에 대한 사유를 상상할 수 있을까?

　　ⓝ 그러나 아리스토텔레스가 『파이돈』*Phédon*의 논쟁을 재론하면서 두 반대 원리antikeiména에 세번째 항을 덧붙이게 되면서 희랍과 중국의 사유에 차이가 개입하게 된다. 세번째 항이란 이 두 반대 원리에 지지대 역할을 하면서 이 둘을 교대로 수용할 수 있는 어떤 것으로 : 이러한 것이 바로 **토대-주체**substrat-sujet('아래에 꼼짝 않고 있는' : hypokeimenon)로서, 서로 대체되는 '대립자들'에 더하여, 변화를 견디는 영원한 원리로 '가정된' 것이다. 『자연학』*Physique*의 예를 따라 '빽빽함'과 '희박함'이라는 두 대립자를 생각해 보자 : "어떤 자연적 배치에 의해 빽빽함이 희박함에 영향을 미치고, 희박함이 빽빽함에 영향을 미치는지를 자문해 본다면 우리는 당황할 수밖에 없다." ; 그러므로 필연적으로 "모든 두 요소의 활동은 제3항에서 생산"되어야만 한다. 그리고 바로 그런 이유 때문에 우리는 대립자들 아래에 '다른 본성'을 '위치시킬' 수밖에 없다. 아리스토텔레스는 매우 체계적으로 이와 같은 추론을 몇 번이나 반복하고 있다. 『형이상학』*Métaphysique*에는 이렇게 쓰여 있다 : "감각적 실체는 변화에 종속되어 있다. 그런데 이 변화가 대립자들 또는 매개자들로부터——물론 모든 대립자들로부터가 아니라 단지 하나의 대립으로부터 (왜냐하면 소리도 역시 흰색이

아니기 때문에)──일어난다면, 필연적으로 하나의 대립자로부터
다른 대립자로 변화하는 토대가 있어야 한다. 왜냐하면 대립자들
그 자체가 하나 안에서 다른 하나로 변화하지는 않기 때문이다."
그리고 변화 '아래에 남아 있는' '어떤 것'[hupomenai] 이 바로 '질료'
이다.

   ㉱ 왜 '토대'-'주체'로 고안된 세번째 항이 논리적으로 필연
적인가? 그것은 앞서도 이야기됐지만, 대립자들이 '서로에 대해
서 영향을 미치지 못하고', '하나의 대립자가 그 안에서 다른 것으
로 변화하지 못하며', '서로를 파괴시키기' 때문이다. 논리적 용어
로 말한다면, 대립자들은 서로를 배제한다. 그런데 중국의 모든
전통은 반대로 대립자들이 서로 대립하는 동시에 '서로를 포함
하고 있다'는 사실을 강조한다 : 음 안에 양이 있듯이, 양 안에는 음
이 존재한다 ; 게다가 양은 음의 빽빽함 안으로 침투하는 반면, 음
은 양의 흩어짐에 열려 있다 : 둘은 지속적으로 원초적인 동일한
단일성으로부터 진행하고 서로의 현실화를 자극한다. 그러므로
우리는 문자 그대로 아리스토텔레스의 표현으로 되돌아갈 수 있
다 : 대립자들이 서로 상호작용을 일으키게 할 수 있는 '자연적인
배치'가 있으며, 이 상호작용은 자발적이면서 동시에 지속적이다
(자발적이기 때문에 지속적이다).

㉑ 아리스토텔레스는 또한 우리에게 이렇게 말하고 있다. "대립자들로 구성된 실체는 없다." 그런데 중국에서는 현실화에 제공되는 모든 에너지가 음과 동시에 양으로 구성되어 있으며, 이 둘은 그러므로 변화를 설명하는 제한된 항들일 뿐만 아니라, 둘이 같이, 존재하는 모든 것을 형성한다 : 그러므로 이들의 관계에 토대의 역할을 할 '세번째 항'을 가정할 필요가 없는 것이다(지도하는 원리 그 자체도 대립자들에 더하여 존재하는 것이 아니라 이들의 조화로운 관계를 표현하는 것일 뿐이다). 이 둘은 자족적인 장치를 형성하고, 이들의 상호 의존으로부터 흘러나오는 경향은 현실의 과정을 방향 지운다. 경향은 끊임없이 스스로 분리되며, 에너지는 보상적이고 규칙적인 기능을 가지고 지속적으로 현실화된다 : 지속적으로 물질화가 일어나고 있긴 하지만, 고유한 의미에서의 '물질'로부터는 아니다. 아리스토텔레스에게 있어서 대립자들이 역동적인 의미에서 불충분하기 때문에 실체가 필요한 반면 : 실재는 (예를 들어 고유한 배치로부터 움직이는) 장치로 이해되지 않고, 본질이라는 개념으로부터 질료와 형상의 관계 안에서 이해된다(그 결과 대립자들은 '우연적인 것'으로서, 주체에 '내재'할 수밖에 없다). 그렇게 되면 변화는 양극적 구조 안에서처럼, 자발적 경향으로 해석될 수 없고, 인과성이라는 복잡한 체계 안에서 이해될 수밖에 없다.

㉖ 『형이상학』에 있는 다음과 같은 문구는 문화적으로 중성적인 것처럼 보일 수 있으며, 단순한 확실성을 드러내는 것으로 보일 수도 있을 것이다 : "변하는 모든 것은 어떤 것 안에서, 어떤 것에 의해, 변화되는 어떤 것이다." 그러나 이제 우리는 이런 일반적인 정의가 얼마나 많은 이론적인 선험ª priori을 감추고 있는지 좀더 잘 인식할 수 있을 것이다. (내가 말하고 싶은 것은 얼마나 많은 **이론적 편견**이 이 평범한 표현 안에 숨겨져 있는지 하는 것이다.) 이 표현이 동어반복을 꼬아 놓은 거라고 생각할 수도 있다. 하지만 상황은 그 이상이다. 이 정의는 이러한 최소한의 명시를 통해 이후 서구 사유의 윤곽을 잡는 데 사용되게 된다. 이 표현에는 (여기서는 '형상'과 '결핍'의 관계로 변환된) 두 대립자에 더하여, 변화에 질료의 역할을 하는 주체의 개념과 '그에 의해 변화가 일어나는' 행위자의 개념이 함축되어 있는 것이다. 사실, 대립자들의 상호작용이 없는 상태에서 이들의 관계에 토대 역할을 하는 제3의 원리를 개입시키는 순간, 동시에 변화의 실제적인 원인의 역할을 하는 '외부의 요인'으로서, 제4의 요소가 개입될 수밖에 없다. 그러므로 토대-주체에 이어 이제는 '원동자'(제1원인)moteur ; to kinôun 의 필요성이 개입한다. 한편에는 '질료'가 ; 다른 한편에는 '목적'이기도 한 '형상'이 ; 그에 더하여 '원동자'가 정립된다 : 그로부터 4원인론이 완성되고, 이제는 이론이 잘 작동하는 것 같다. 다른 말로 한다면, 서양의 에피스테메épistémè가 준비된 것이다.

⑭ 사실, 서양의 과학이 특히 르네상스로부터 아리스토텔레스의 이론적 권위와 단절하면서 발전할 수 있었다고 하더라도, 아리스토텔레스의 사유가 완성한 희랍 표상의 정립은, 중국과의 차이를 통해 볼 때, 서양이 헌신한 지식의 기획에 토대——그리고 이론의 수준에서는 이 이론이 불러일으킬 수 있었던 비판에 이르기까지——의 역할을 한 것처럼 보인다 : 요컨대 다른 문화들을 지배하게 되었음에도 불구하고 이는 매우 독특한 기획이었다.

⑮ 이 사실로부터 우리는 같은 이야기를 영원히 계속하기보다는, 밖으로부터 우리(서양)의 철학을 다시 읽어 보고, 서양 철학의 최초의 논리적인 작동 이편으로, 즉 의식적이지 않은 기초에까지 거슬러 올라가 보게 된다. 이 상류에서, 우리는 인과성의 체계가 이러한 실체라는 '편견'과 유지하고 있는 관계를 찾아가 보아야 할 것이다. 사실, '물리'가 실체화되자마자 정적인 질서는 역동적 질서를 설명하기에 불충분하게 된다. 그래서 원동자가 필요한 것이다. 반대로, 주체를 사유할 필요가 없는 중국의 사유는 논리적으로도 외적인 인과성을 필요로 하지 않게 된다. 장치의 한가운데에서 생산성은 밖으로부터 오지 않으며 전적으로 내재적이다. 정적인 질서는 동시에 역동적이며, 실재의 구조는 과정 중에 있다.

XII. ㉑ 다른 쪽에서 이 비교를 매듭지어 보도록 하자 : 서양 물리가 자연에 내재한 것으로 고안한 역동론은 어떤 의미에서 과정에 내재한 경향, 즉 중국의 세勢와 일치하지 않는가? '잠재태' dunamis -'현실태'énergeia : 우리는 바로 이런 종류의 대립에 의해 우리(서구) 사유의 틀 안에서, 과정에 대한 중국의 시각을 움직이는 거대한 교체를 해석했다('잠재'와 '현실화'를 다루면서—원문 231쪽). 다른 한편, 이런 접근 방법은 더 일반적인 수렴을 가능하게 한다. 우리는 중국의 사유가 존재(영원)가 아니라 생성(변화)을 사유하려 한다는 점에서 희랍 사유와 본질적으로 구분된다는 것을 알고 있다. 그런데, 바로 이 **잠재태**라는 개념이 희랍 사유로 하여금 엘레아학파가 가져온 존재의 아포리(존재는 '존재'로부터도, '비-존재'로부터도 오지 않는다)로부터 벗어날 수 있도록 하는 매개가 된다. 이 상대적 비-존재 덕분에 존재와 비존재 사이에서 생성의 가능성 자체를 사유할 수 있게 되는 것이다(동시에 이는 우리가 **생성**génésis 의 철학자 아리스토텔레스에게 다시 한번 되돌아가는 것을 정당화한다).

㉒ 그러므로 이러한 접근은 불가피한 것이다. 왜냐하면 이것이 논의의 공동체를 드러내고 관점들을 일치시키는 데 객관적으로 가장 적당한 것처럼 보이기 때문이다. 그러나 그럼에도 불구하고, 이런 비교는 우리가 이를 더욱 치밀하게 진행하면 버텨

내지 못한다. 심지어 중국의 성향이라는 개념을 그리스의 뒤나미스dunamis와 비교하면 이를 더 잘 이해할 수 있을 것이다. 뒤나미스에 따르면, 현실화는 '잠재태' 그 자체로부터 파생되는 것이 아니라, 이 잠재태에 목적의 역할을 하는 '형상'으로부터 파생된다 : '현실태'는 그러므로 존재론적으로 '잠재태'보다 우월하다. 왜냐하면 '잠재태'는 질료에 결부되어 있는 반면, '현실태'는 형상과 비슷하기 때문이다. 아리스토텔레스에 따르면, 그래서 "잠재성을 가지고 있는 것이 현실태로 넘어가지 않는 일이 생길 수도 있다". 반대로, 중국의 시각에 따르면, 현실화는 잠재성에 완전히 의존하고, 잠재태 안에 포함되어 있으며, 세勢는 불가피하다 : 잠재적인 것과 현실적인 것의 단계는 상관적이며, 하나에서 다른 하나로 변화하며, **짝을 이룬다.**

㉓ 궁극의 원인에 부여된 이 우월성은 그리스 사유에서 너무 일반적이어서 자연의 운동 개념에까지 영향을 미쳤다. 그리스 사상가들도 중국의 사상가들처럼 사실상 자연을 설명하는 데 있어서, 어떤 물체는 오르려는 성향을 가지고 있고, 어떤 물체는 내려가려는 성향을 가진다는 데 일찌감치 주의를 기울였다 : 즉, "원자론자들의 무차별적 공간이라는 개념을 비판하면서 아리스토텔레스가 말하기를, ['높은' 그리고 '낮은'과 같은] 이런 규정성들은 그 위치에 의해서뿐만 아니라 그 성향에 의해서도 다르다(차이가

난다)". 결국, 양극적으로──위와 아래──구조화되어 있는 이 물리 공간의 틀에서, 그리고 (불가피한 성향으로 고안된) 중량의 현상에 관련하여, 우리는 장치와 그 성향이라는 중국적 개념에 대응할 수 있는 것을 발견한 것이 아닌가? (왜냐하면 이 경우에 '위치'는 '힘, 가능성'에 대응되고 뒤나미스는 테시스^{thésis}에 대응되기 때문이다.) 그러나 이 경우조차, 불이 본성적으로 위로 오르고 돌멩이가 떨어지는 것은 (이 경우에 세의 배치적 중요성에 비추어 볼 때 의미심장한 차이가 드러난다 ; cf. 언덕 정상에 있는 동그란 돌멩이라는 가장 흔한 중국의 예), 아리스토텔레스에 따르면, 그들의 '형상'^{eidos}이 이들에게 고유한 장소를 부여하면서 이를 운명짓고 있기 때문이다 : 다시 한번 더, 성향은 어떤 기능적 위치로부터 이해되는 것이 아니고, 목적론적으로 이해되고 있다. 이로부터 우리는 성향에 대한 그리스의 개념화가 중국의 사유와 구분되는 두 가지 본질적인 면모를 정확히 지적할 수 있다 : 한편, 그리스의 개념은 자연의 성향과 자발성을 대립시킨다── 반면 중국의 사유는 이 둘을 구분하지 않는다 ; 다른 한편, 그리스의 개념은 성향을 열망이나 욕망의 양상에 근거하여 사유하며, 이는 실재에 대한 존재론적 위계화를 유발하고, 형이상학적으로 방향 짓는다. 반면 중국의 사유는 '존재의 정도'가 있다고 생각하지 않으며, 최초의 원동자를 필요로 하지도 않는다.

㉮ 아리스토텔레스에 따르면, 인간의 제조와 마찬가지로 자연의 생산과 비교하여 혼자 '자기 자신에 의하여' 생산되는 세번째 형태의 실재의 도래automaton는 형상이나 목적을 개입시키지 않는다는 점에서 앞선 형태들과 다르다 : 질료의 자연적 속성들은 형상의 협조를 받지 않은 채 형상의 중개로 보통 얻게 되는 결과에 다다른다. 그러나 데모크리토스의 이론을 반박하는 아리스토텔레스에게 있어서는, 기본적인 활동들의 자발적 경쟁이 이렇게 형상에 의한 조직을 가장하는 일은 예외적일 뿐이며 (반면 목적성은 항구적이고 규칙적인 결과로 표현된다) 실재의 질서에 있어서 매우 열등한 현상들에 관련될 뿐이다 : 곤충이나 기생충, 벌레의 생산… ; 또는 어떤 강들이 방향을 바꾸는 일, 오염과 부패, 손톱과 머리카락이 자라는 것… 보통 **자연적으로**a natura 생산되는 것은 이렇게 **자동적으로**sponte sua 생산된다. 일시적인 사실들이 '기술의 결핍'으로 생각되는 것처럼 이는 '자연의 결핍'stérèsis phuséôs의 문제이다. 서양 철학의 인과론적 설명에서 자발성은 잉여적인 요소일 뿐이다. 반대로, 우리가 보았듯이, 모든 중국의 전통은 자연적인 것을 자발성의 양상으로 생각할 뿐 아니라, 자발성을 세계의 흐름이나 인간의 행위의 이상으로 삼고 있다. 존재론적 위계에 토대를 둔 서양의 시각에서, 최고의 가치가 물질적 인과성의 질서를 벗어나는 것에 달려 있고, 자유에서 최고조에 이르는 것은 논리적인 결과이다. 그러나 장치라는 중국의 개념에서, 최고의 가

치는 장치가 스스로 움직이며 그러므로 규칙적일 때의 성향의 자발성에 달려 있다는 것 또한 논리적인 결과인 것이다 : 사물의 거대한 기능의 이러한 자동성과 관련하여 이를 개인적으로 벗어나는 것은 추천할 만한 일이 아니며, 이 장치 안에서의 모든 놀이^{jeu}는 불규칙성이다—그래서 중국의 사유는 자유에 대해서 전혀 사유하지 않았다.

ⓣ 그러나 역동성이 중국의 시각에서처럼 극들의 상호작용에 의해서만 생성된다면, 서양의 시각에서 볼 때에는 과연 어떤 긴장이 실재를 자극하는지 궁금해진다. 양쪽 전통의 출발점에 있는 이 최초의 불일치를 아리스토텔레스는 이후에 '형상'과 '결핍'이라는 불균등한 관계로 수렴시켰다 : 질료-주체라는 세번째 원리는—'암컷이 수컷에 대하여'(또는 추한 것이 아름다운 것에 대하여) 그러한 것처럼—자기의 선을 향하듯이 형상을 향한다. 실재를 통과하는 경향이라는 것은 그러므로 중국에서처럼 성향이라는 객관적이고 불가피한 양상에 근거하여 고안된 것이 아니고, '욕망'과 '열망'$^{éphiesthai\ kai\ orégesthai}$이라는 주관적이고 목적론적인 양상에 근거한 것이다. 실재의 위계의 최고점에는 이러한 경향이, 최초의 원동자로 고안된 신에 집중되어 있다 : 이 최초의 원동자는 인과 연쇄의 끝에서 '움직여지지 않으면서 움직이고', 기계적으로 활동하지 않으며, (만약 그가 기계적으로 활동한다면, [그

의 활동을 규명하기 위해] 인과성의 사슬에서 더 높이 올라가야 할 것이다) 유명한 공식을 따르자면, 그가 촉발한 '욕망'(또는 '사랑')kineî hôs érômenon에 의해 활동한다. 잠재적으로만 항구적인 모든 다른 존재는 가능한 한 가장 충만한 **존재를 향**하며, 그 존재의 영원성을 열망한다 : 고정된 것의 구(천구天球)인 우월한 수준에서는 원형 회전을 통해서, 존재의 사다리의 낮은 수준에서는 공간의 단순한 보존과 요소들 사이의 상호 변환, 그리고 물리적 힘의 균형에 의해서, [존재의 영원성을 닮으려고 한다.] 순수한 활동이자 형상인 신ens realissimum은 모든 운동과 세계의 변화에 유일한 극의 역할을 하며, 그 결과 하늘과 모든 자연은 '그에게 매달려 있다' : 반대로, 중국적 사유의 체계인 양극 체계에서는, 자연의 운동과 변화가 언제나 내재적인 논리로부터 나오며, 그 어떤 신성한 에너지énergeia로부터도 파생되지 않고, 과정의 지속적인 갱신 외에 다른 어떠한 것을 지향하지 않는다. 여기에서 성향은 최초의 함축 외의 다른 방향으로 진행되지 않으며, 신의 정의에 다름 아닌 모든 잠재력과 모든 질료의 제거, 모든 경향의 절대적인 폐지라는 지점에서 전혀 최고조에 다다르지 않는다 : 서양에서 고안된 성향은 결핍이라는 표현처럼 비극적으로 고안되었다 : 존재의 불충분성에 의해 촉발된—신과 재조우하려는 갈망 ; 다른 한편 중국에서 고안된 성향은 제어를 향한 내적인 동력으로 긍정적으로 인식되었고, 기능이라는 단 하나의 논리에 의해 충만하게 정당화되었다.

㉞ '가장 바랄만 한 것'^{désirable}은 또한 '가장 가지적인 것' ^{intelligible}이다 : 존재에 대한 이러한 열망으로부터 비롯된 그리스의 지혜는 관조라는 해방 활동을 통해 신의 영원하고 완전한 삶(생명)을 모방하는 것이 된다―이것이 지복의 유일한 원천이다. 중국의 지혜도 역시 하늘을 모방하는 것이라면, 이는 하늘의 장치에 일치하는 것, 하늘의 성향에 의해 이로운 방향으로 이끌려 가는 것, 그리고 사물의 이치와 혼연일체가 되는 것이다.

참고한 책들

▶들뢰즈의 저서

『감각의 논리』, 하태환 옮김, 민음사, 2008.[*Francis Bacon:Logique de la sensation*, Seuil, 2002.]

『니체와 철학』, 이경신 옮김, 민음사, 2001.[*Nietzsche et la philosophie*, PUF, 2005.]

『대담(1972-1990)』, 김종호 옮김, 솔출판사, 1994.[*Pourparlers*, Editions du Minuit, 2003.]

『들뢰즈의 니체』, 박찬국 옮김, 철학과현실사, 2007.[*Nietzsche*, PUF, 2005.]

『디알로그』, 허희정·전승화 옮김, 동문선, 2005.[*Dialogues*, Flammarion, 2008.]

『스피노자와 표현의 문제』, 이진경·권순모 옮김, 인간사랑, 2003.[*Spinoza et le problème de l'expression*, Editions du Minuit, 1968.]

『시네마 I, 운동-이미지』, 유진상 옮김, 시각과 언어, 2002.[*Cinéma 1: L'image-mouvement*, Editions du Minuit, 1983.]

『시네마 II, 시간-이미지』, 이정하 옮김, 시각과 언어, 2005.[*Cinéma 2: L'image-temps*, Editions du Minuit, 1985.]

『의미의 논리』, 이정우 옮김, 한길사, 1999.[*Logique du sens*, Editions du Minuit, 1969.]

『차이와 반복』, 김상환 옮김, 민음사, 2004.[*Différence et répétition*, PUF, 2000.]

『철학이란 무엇인가』, 이정임·윤정임 옮김, 현대미학사, 1995.[*Qu'est-ce que la philosophie?*, Editions de Minuit, 2005.]

『칸트의 비판철학』, 서동욱 옮김, 민음사, 2006.[*La philosophie critique de Kant*, PUF, 2004.]

『푸코』, 허경 옮김, 동문선, 2003.[*Foucault*, Editions du Minuit, 2004.]

『프루스트와 기호들』, 서동욱·이충민 옮김, 민음사, 2005.[*Proust et les signes*, PUF, 2003.]

"Lettre-préface" à Jean-Clet Martin, *Variations; la Philosophie de Gilles Deleuze*, Payot, 1993.

L'île déserte et autres textes, Editions du Minuit, 2002.[이 가운데 몇몇 논문이 번역됨, 『들뢰즈가 만든 철학사』, 박정태 엮고 옮김, 이학사, 2007.]

"L'immanence; une vie...", *Philosophie*, n°47, Editions du Minuit, 1995.

▶기타 참고도서

루이스 캐럴, 『Alice—이상한 나라의 앨리스』, 최인자 옮김, 북폴리오, 2005.

미치오 가쿠, 『평행우주』, 박병철 옮김, 김영사, 2006.

신지영, 『들뢰즈로 말할 수 있는 7가지 문제들』, 그린비, 2008.

아리스토텔레스, 『범주론·명제론』, 김진성 역주, 이제이북스, 2005.

아리스토텔레스, 『형이상학』, 김진성 역주, 이제이북스, 2007.

알랭 바디우, 『들뢰즈—존재의 함성』, 박정태 옮김, 이학사, 2001.

임마누엘 칸트, 『순수이성비판』, 백종현 옮김, 아카넷, 2006.[Immanuel Kant, *Critique de la raison pure*, Flammarion, 1999]

키스 안셀 피어슨, 『싸트는 생명』, 이정우 옮김, 산해, 2005.

프랑수아 다고네 외, 『삐딱한 예술가들의 유쾌한 철학교실』, 신지영 옮김, 부키, 2008. [François Dagognet et al., ed. Michel Onfray, *Antiannales de la philosophie*, Bréal, 2002.]

프랑수아 줄리앙, 『사물의 성향』, 박희영 옮김, 한울아카데미, 2009.[François Jullien, *La propension des choses*, Editions du Seuil, 1992.]

한국하이데거학회, 『하이데거 연구』 20집(가을호), 2009.

한국현상학회, 계간 『철학과 현상학 연구』 41집, 2009.

Encyclopédie de la philosophie, Le Livre de Poche, 2002. [*Enciclopedia Garzanti di filosofia*, Garzanti, 1981.]

Jean-Jacques Wunenburger, *Questions d'éthique*, PUF, 1993.